中国特色社会主义"五大建设"丛书

穿越问题域
科学发展观重大理论问题探要

俞吾金　著

重庆出版集团　重庆出版社

图书在版编目(CIP)数据

穿越问题域:科学发展观重大理论问题探要 / 俞吾金著. —重庆:重庆出版社,2014.6
(中国特色社会主义"五大建设"丛书)
ISBN 978-7-229-08173-7

Ⅰ.①穿… Ⅱ.①俞… Ⅲ.①社会主义建设模式—研究—中国 Ⅳ.①D616

中国版本图书馆CIP数据核字(2014)第127879号

穿越问题域:科学发展观重大理论问题探要
CHUANYUE WENTIYU:KEXUEFAZHANGUAN ZHONGDA LILUN WENTI TANYAO
俞吾金 著

出 版 人:罗小卫
责任编辑:曾海龙　王晓静
责任校对:杨　媚
插图作者:王　果
装帧设计:重庆出版集团艺术设计公司·蒋忠智　黄　杨

重庆出版集团
重庆出版社　出版

重庆长江二路205号　邮政编码:400016　http://www.cqph.com
重庆出版集团艺术设计有限公司制版
自贡兴华印务有限公司印刷
重庆出版集团图书发行有限公司发行
E-MAIL:fxchu@cqph.com　邮购电话:023-68809452
全国新华书店经销

开本:889mm×1194mm　1/32　印张:4.875　字数:105千
2014年6月第1版　2014年9月第2次印刷
ISBN 978-7-229-08173-7
定价:13.00元

如有印装质量问题,请向本集团图书发行有限公司调换:023-68706683

版权所有　侵权必究

丛书编委会名单

总顾问：朱之文　童世骏
顾　问：刘承功　林尚立
编委会主任：吴晓明
副主任：萧思健　胡华忠　高国希　袁　新　周　晔
编　委：刘　月　金伟甫　罗小卫　陈兴芜　别必亮
　　　　吴进科　王晓静

总 序

在全党全国深入学习宣传贯彻党的十八大和十八届三中全会精神之际，由复旦大学马克思主义研究院和党委宣传部组织撰写的《中国特色社会主义"五大建设"丛书》同大家见面了，这是复旦大学以及上海市部分知名学者在马克思主义理论和中国现实研究方面所作出的重要探索。

作为马克思主义中国化的重要理论创新，党的十八大第一次提出了社会主义"五大建设"，即经济建设、政治建设、文化建设、社会建设、生态文明建设等方面的重大部署。并且提出：在经济建设上，必须坚持发展是硬道理的战略思想，以科学发展为主题，以加快转变经济发展方式为主线，把我国经济发展活力和竞争力提高到新的水平。在政治建设上，必须坚持走中国特色社会主义政治发展道路，继续积极稳妥推进政治体制改革，坚持党的领导、人民当家做主、依法治国的有机统一，发展更加广泛、更加充分、更加健全的人民民主。在文化建设上，必须走中国特色社会主义文化发展道路，积极培育和践行社会主义核心价值观，丰富人民精神文化生活，提高国民素质，扎实推进社会主义文化强国建设。在社会建设上，必须加快健全基本公共服务体系，加强和创新社会管理，以保障和改善民生为重点，多谋民生之利，多解民生之忧，解决好人民最关心、最直接、最现实的利益问题。在生态文明建设上，必须树立尊重自然、顺应自然、保护自然的生态文明理念，坚持节约资源和保护环境的基本国策，着力推进绿色发展、循环发展、低碳发展，实现中华民族的永续发展。这"五大建设"内容丰富、意义深远，不仅需要在实践上扎实推进，而且需要在理论上深入地加以探讨和阐述。

马克思主义理论研究，无疑具有十分重要的学术向度。我们知道，马克思在进行例如政治经济学批判的研究工作时，曾为自己提出过多么高的学术要求。正是这样的学术要求，使得马克思在哲学和社会科学的几乎每一个领域中，都有自己独到的发现和深刻的见地。列宁曾说过，不研究黑格尔的《逻辑学》，就不能真正读懂《资本论》——马克思主义理论的学术向度，于此可见一斑。在这个意义上应当说，如果没有很高的学术要求，马克思主义的理论研究就不可能真正持立；如果放弃或贬低其学术要求，则无异于理论上的自我打击。更加重要的是，马克思主义理论的全部学术要求，归结到最根本的一点，就是深入并切中当下的社会现实。如果没有这一根本之点，马克思主义的理论研究同样不可能真正持立。但人们往往太过轻易地想象"现实"一词，仿佛达于现实或把握现实是不需要什么理论或学术的，甚至还往往用关注现实来作为拒斥理论和学术的口实。这是一种严重的——甚至是危险的——误解，它把"现实"同一般所谓的"事实"混淆起来了。必须明白，与一般的事实不同，现实不是在知觉中就能直接同我们照面的。用黑格尔的话来说，所谓现实，乃是实存和本质的统一，是在展开过程中表现为必然性的东西。因此，如果仅仅滞留于"实存"而达不到本质性，达不到在展开过程中的必然性，我们就根本不可能窥见或触到现实。海德格尔曾指出，马克思的历史学之所以优越于其他的历史学，是因为它深入到历史的本质性一度中去了；也就是说，深入到社会现实中去了。

为了真正地把握社会现实，不仅需要坚实彻底的理论，而且需要使这样的理论深入到社会的实体性内容中去，并通过这样的深入而实现其全面的具体化。之所以这么说，是因为现实本身是具有实体性内容的，并因而是具体的。遗忘了这一点，再高明的理论也只能被当做"外部反思"来加以运用，也就是说，被当做某种公式来教条主义地加以运用。所谓外部反思，就是作为忽此忽彼的推理能力，它从来不深入到社会的实体性内容本身之中；但它知道一般原则，而且知道把一般原则抽象地运用到任何内容之上。如果说，我们曾经在"二十八个布尔什维克"那里见到过某种教条主义的马克思主义，那么在今天的社会科学中同样很容易发现那种"仅仅知道把一般原则抽象地运用到任何内容之上"的外部反思。在这种情况下，真正的社会现实不仅没有被把握住，而且实际上早已消失得无影无踪了。因此，黑格尔把外部反思叫做主观思想和现代诡辩论，甚至叫做"浪漫主义及其虚弱本质的病态表现"。同样，对于马克思和恩格斯来说，历史唯物主义的原理决不是可以当做抽象原则而无条件地加以运用的东西；恰恰相反，它们仅仅是一些科学的抽象，这些抽象离开了现实的历史和具体的研究就没有任何价值。如果把它们当做"可以适用于各个历史时代的药方或公式"，那么，在这里出现的就不是历史唯物主义，而是历史唯物主义的反面。

由于马克思主义学术和理论研究的主旨是把握社会现实，所以，对于今天中国的马克思主义理论研究来说，其根本的任务就在于深入并切中当今中国的社会现实。这一社会现实是以中国自近代以来的历史性实践（特别是改革开放以来的历史性实践）为基础的，并且是在"中国道路"的历史进程中实现其具体化的。不研究中国自近代以来的历史性实践，不研究中国道路在历史进程中的整体具体化，就根本不可能真正理解和把握当今中国的社会现实，因而也就没有真正意义上的当代中国的马克思主义理论研究，或者至多只能有某种疏阔散宕的经院式的研究。对于中国化的马克思主义理论研究来说，没有一项任务比深入地了解中国社会，从而把握其具体的历史进程和实体性内容来得更加紧迫了。因此，复旦大学马克思主义研究院倡导在深入研究马克思主义基本原理的同时，更加切近地探究当今中国的社会现实，以期使马克思主义的基础理论同真正的"中国问题"和"中国经验"结合起来。我们面前的这套《中国特色社会主义"五大建设"丛书》，就是希望在这方面做出某种积极的尝试和有益的探索。

"五大建设"丛书共11种，主要研究改革开放以来，我国在经济、政治、文化、社会和生态等领域的发展变化，以及在新的历史条件下这些领域所面临的问题、挑战和任务。《全球视野下的中国道路》一书，从中国道路对人类文明的历史性贡献、中国道路对发展中国家的示范效应、中国道路对世界社会主义运动的意义三个方面，探讨中国道路的世界意义。《"中国梦"的文化解析》从"中国梦"新时代的新概念、"中国梦"的演进轨迹、"中国梦"的当下使命、文化为"中国梦"立基等几个方面,从文化的根底处解析"中国梦"。《理性与梦想:中华腾飞的精神两翼》一书,阐述了理性与梦想在中国发展取得举世瞩目成就、实现中华民族伟大复兴历史进程中的重要意义,指出理性平和与追逐梦想缺一不可、相互支持。《创新转型与可持续发展》一书,以"经济发展方式"作为研究问题的核心范畴,着重讨论了"中国奇迹"的时代特点、中国社会生活各领域深刻变革以及当前经济发展阶段新特点等问题。《协商民主:中国的创造与实践》一书,从协商在中国民主中的意义、协商民主与中国政治建设、政治协商与协商民主、社会协商与社会建设、公民协商与基层民主发展几个方面,深刻解读我国的协商民主制度。《穿越问题域:科学发展观重大理论问题探要》一书,围绕发展、改革与稳定,经济、政治与文化,市场、资本与权力,公正、效率与持续,自然、个人与社会等五个方面,理解并阐释科学发展观蕴含的整个问题域,以辩证的方法理解我们在经济社会的建设中必定会遭遇到的各种错综复杂的关系。《生态文明:人类历史发展的必然选择》从生态学视角观察人类文明形态的进化史,在阐述人类对人与自然关系的各种认知、思考和探索的同时,对十八大报告中有关生态文明建设论述作出深入解读。《战略性新兴产业发展的新模式》一书,厘清了战略性新兴产业的历史背景与现实意义,阐释战略性新兴产业的内涵与特性,并借鉴欧美发达国家的战略和政策,为我国目前战略性新兴产业的发展提出了新的模式和政策设计。《社会建设与全面建成小康社会》一书，从社会建设的定位和布局、社会建设的挑战和任务、社会建设的改革和突破等方面，集中探讨了社会建设和国家发展中的有关问题。《核心价值观视野下的社会建设》一书，以社会建设为对象，从理论、历史、现实的三重维度，对社会主义核心价值观与社会建设相互融合进行了解读和阐释。《社会主义中国在开拓中前进》一书，围绕中国特色社会主义的本土根据与阶段特征、坚持和发展中国特色社会主义、建设与时俱进的社会主义意识形态、促进社会主义更健康地发展几个部分，来阐释中国特色社会主义包含的丰富理论内容。

这套丛书是一个积极的尝试，其主旨是在密切关注当代中国发展之历史进程的同时，推进马克思主义的理论研究。如果说，关注并切中社会现实乃是马克思主义研究的题中应有之义，那么，我们完全有理由期待在这样的领域中会迎来理论研究新的繁花盛开。我们希望有更多的学者能参与到这样的研究中来。是为序。

吴晓明
2014 年 1 月

前　言　科学发展与当代世界

对于当代中国社会来说，在国家和社会发展的问题上面临的挑战无疑是十分严峻的。一方面，在"十年浩劫"之后，中国执政党做出了思想政治路线上的重大调整，毅然决然地放弃了"以阶级斗争为纲"的治国口号，坚定不移地走上了以经济建设为中心的改革开放的道路。30多年来，中国社会克服了发展道路上出现的无数艰难险阻，奇迹般地跃升为世界上第二大经济体；另一方面，中国政府也试图重新认识并积极参与变化了的国际政治格局，不但加入了WTO，而且努力促进国家关系的良性互动，力图为中国经济社会的发展营造一个和平安定的国际环境。正是基于对国际国内现状和历史经验的认真反思，一种关于发展问题的新的、系统化的理论——"科学发展观"（scientific outlook on development）应运而生了。在国内改革开放不断向纵深推进、而国际关系的发展出现各种变数的情况下，几乎可以说，没有任何其他战略性的理论比科学发展观更为重要、更值得引起我们的关注了。在中国共产党第十八次全国代表大会的报告中，胡锦涛对科学发展观做出了高度的评价：

科学发展观是马克思主义同当代中国实际和时代特征相结合的产物，是马克思主义关于发展的世界观和方法论的集中体现，对新形势下实现什么样的发展、怎样发展等重大问题做出了新的科学回答，把我们对中国特色社会主义规律的认识提高到新的水平，开辟了当代中国马克思主义发展新境界。科学发展观是中国特色社会主义理论体系最新成果，是中国共产党集体智慧的结晶，是指导党和国家全部工作的强大的思想武器。科学发展观同马克思列宁主义、毛泽东思想、邓小平理论、"三个代表"重要思想一道，是党必须长期坚持的指导思想。

面向未来，深入贯彻科学发展观，对坚持和发展中国特色社会主义具有重大意义和深远历史意义，必须把科学发展观贯彻到我国现代化建设全过程、体现到党的建设各方面。[①]

按照胡锦涛的上述论断，科学发展观不仅是中国特色社会主义理论发展的最新成果，也是指导中国共产党和中国政府全部工作的强大思想武器。在这个意义上完全可以说，科学发展观是中国执政党的全局性的、根本性的指导思想。由此可见，它在中国社会未来发展中拥有的重要地位和历史作用也就不难想见了。

---

① 胡锦涛：《坚定不移地沿着中国特色社会主义道路前进 为全面建成小康社会而奋斗》，人民出版社，2012年版，第7—8页。

前　言　科学发展与当代世界

科学发展观被提出后，不仅在全党全国范围内形成了普遍的共识，也在国际社会中引起了广泛的关注。然而，必须指出的是，我们不应该用简单化的眼光去看待科学发展观，作为中国执政党的集体智慧的结晶，科学发展观是在深刻的理论反思和丰富的历史经验的基础上产生并逐渐成熟起来的。作为全局性的、战略性的理论观念，它蕴含着对现代社会发展中可能出现的一系列重大现实问题和理论问题的反思及对可能出现的一切错综复杂关系的领悟与处置。[①] 要言之，科学发展观不但蕴含着它必定要加以关注的整个问题域，而且它的作用就是指导我们成功地把握并穿越整个问题域，以辩证的方法去理解并解决我们在经济社会的建设中必定会遭遇到的各种错综复杂的关系，把执政党面临的整个伟大事业——中国共产党的建设和现代化建设的事业以最合理的、最健康的方式向前推进。

与此同时，我们也应该看到，科学发展观的世界意义在于，尽管中国具有自己的特殊国情，但中国经济社会的发展也蕴含着其他国家在发展中必定会遭遇到的某些普遍性的问题。事实上，按照通常的哲学观念，世界上根本不可能存在脱离特殊性的普遍性。也就是说，普遍性始终是寓于特殊性之中的，而特殊性也始终包含着普遍性。

鉴于上述分析，我们发现，正确地理解并阐释科学发展观，具有远远超出我们自己预期的理论意义和现实意义。

[①] 参阅俞吾金著：《科学发展观》，重庆出版社，2008年版。该著对什么是科学发展观、科学发展观的形成和科学发展观的意义进行了深入的探讨，并对科学发展观中的"科学"、"发展"等概念作出了深入细致的语言学分析。

本书是由我主持的 2009 年度国家社科基金重点项目《科学发展观重大问题研究》（项目批准号为 09AZD008）的最终研究成果，也是在拙著《科学发展观》（重庆出版社，2008 年）基础上进一步探索科学发展观整个问题域的理论结晶。

自美国的次贷危机引发的全球性金融危机以来，发展理论再度成为国际学术界关注的焦点，而中国经济社会在取得了辉煌成就的同时，也在为即将来临的深度改革和未来的发展态势而焦虑。这使国际国内理论界形成了某种共识，即重新反思作为中国共产党三代领导集体智慧结晶的科学发展观，以便从中汲取灵感和启示。

本书的写作也得到了由我主持的"985 工程"三期整体推进人文学科研究项目《后现代视域中的马克思理论》（项目批准号为 2011RW XKZD011）、由我主持的教育部小基地的重点项目《实践唯物主义：重构马克思哲学体系的尝试》（项目批准号为 13JJD720004）和由我主持的教育部哲学社会科学研究普及读物项目《当代中国文化诊断》（项目批准号为 12JPJ039）的资助，特此一并表示感谢。

俞吾金

2013 年 10 月 6 日于沪上东方文苑

目 录

◇ **总　序** /1
◇ **前　言**
　科学发展与当代世界 /1

◇ **第一章**
　发展、改革与稳定 /1
　一、发展是硬道理 /6
　二、改革是自意识 /14
　三、稳定是边界线 /23

◇ **第二章**
　经济、政治与文化 /27
　一、经济是起跑线 /30
　二、政治是制高点 /35
　三、文化是软实力 /43

◇ 第三章
市场、资本与权力 /53
一、市场是生命体 /56

二、资本是驱动轮 /63

三、权力是双刃剑 /69

◇ 第四章
公正、效率与持续 /79
一、公正维系人心 /84

二、效率源于统筹 /88

三、持续不是神话 /93

◇ 第五章
自然、个人与社会 /97
一、让自然泰然处之 /102

二、使个人全面发展 /106

三、给社会设定目标 /112

◇ **结　论**
科学精神与人文精神的统一 /118

◇ **附　录**
科学发展观的内在张力 /127

第一章

发展、改革与稳定

"要把保护和改善民生放在更加突出的位置，加强和创新社会管理，正确处理改革发展稳定关系，团结一切可以团结的力量，最大限度增加和谐因素，增强社会创造活力，确保人民安居乐业、社会安定有序、国家长治久安。"

第一章 发展、改革与稳定

发展（development）、改革（reform）与稳定（stability）这三个观念就像"铁三角"一样，不可分离地纠缠在一起。众所周知，当一个社会内部面临不得不加以解决的难题时，积极的做法是在发展中（亦即不中止社会的发展）去解决这些难题，而不是在消极的等待中让难题自行化解，就像罗马诗人贺拉斯所讽刺的：

> 乡下佬等候在河边，
> 企望着河水流干；
> 而河水流啊、流啊，
> 永远流个不完。[①]

事实上，消极的等待只会让原本存在着的问题更加复杂化，甚至完全丧失解决这些问题的最佳时机。当然，积极的发展也不是无条件的，它需要整个社会处于稳定的、有序的状态下。换言之，一旦社会处于动乱或无政府主义的状态下，社会肌体遭受严重的破坏，向前发展就会变得完全不可能。当然，光有稳定这个条件，也不等于一个社会必定能够获得相应的积极的发展。尽管稳定是社会发展的必要条件，但稳定本身并不提供社会发展的动力，它至多只能为社会发展创造了某种条件。我们都知道，社会发展的动力来自改革，尤其是当传统的制度成为束缚人们积极性的桎梏时，对它们的改革就成了解放人们的积极性的前提，自然也就成了

---

① 转引自康德：《未来形而上学导论》，庞景仁译，商务印书馆，1982年版，第5页。

社会向前发展的动力。

显而易见,发展、改革与稳定这三者是密切相关的。1995年9月28日,江泽民在《正确处理社会主义现代化建设中的若干重大关系》一文中曾经指出:

> 改革、发展、稳定这三者存在着不可分割的内在联系。发展是硬道理。中国解决所有问题的关键要靠自己的发展。增强综合国力,改善人民生活;巩固和完善社会主义制度,保持稳定局面;顶住霸权主义和强权政治的压力,巩固国家主权和独立;从根本上摆脱经济落后状况,跻身于世界现代化国家之林,都离不开发展。今后十五年我们有充分条件继续实现经济较快增长,必须抓住机遇,珍惜机遇,用好机遇,加快发展。改革是经济社会发展的强大动力,是为了进一步解放和发展生产力。十七年经济建设的巨大成就是在改革中实现的。实现未来十五年的奋斗目标,关键仍在于深化改革。改革是社会主义制度的自我完善和发展。它的决定性作用不仅在于解决当前经济社会发展中的一些重大问题,推动社会生产力的解放和发展,还要为下世纪我国经济持续发展和国家长治久安打下坚实的基础。稳定是发展和改革的前提。发展和改革必须要有稳定的政治和社会环境,这是我们付出了代价才取得的共识。当前正处于经济体制转轨时期,人们思想观念的转变需要一个过程,各方面利益关系变动较大,各种矛盾可能会比较突出,稳定更具有重

大的现实意义。没有稳定的政治和社会环境，一切都无从谈起，多么好的规划、方案都将难以实现。①

毋庸讳言，在江泽民看来，改革、发展、稳定好比是中国现代化建设棋盘上的三着紧密关联的战略性棋子。只有把每一着棋子都下好了，全局才活了。反之，如果有一着棋子下得不好，另外两着就会陷入困境中，甚至使全局受挫。因此，把握好这三者的关系，既是现代化建设中一项根本性的领导艺术，也是对科学发展观的核心精神的领悟。事实上，江泽民确实道出了任何发展理论都无法回避的一组基础性关系，即发展、改革与稳定的关系。

如果说，江泽民比较注重从稳定这一前提出发来谈论发展和改革的话，那么，胡锦涛则比较注重从深化改革的角度出发来谈论发展和稳定的关系。2006年12月5日，胡锦涛《在中央经济工作会议上的讲话》中强调：

> 在推进改革的过程中，要正确把握改革发展稳定的关系，不断提高改革决策的科学性、改革措施的协调性，坚定推进各项改革举措，妥善处理改革引起的利益关系调整，合理补偿相关方面的利益损失，确保改革顺利进行。②

---

① 《毛泽东 邓小平 江泽民论科学发展》，中央文献出版社，2008年版，第74—75页。
② 《科学发展观重要论述摘编》，中央文献出版社，2009年版，第79—80页。

从这段论述可以看出，无论是胡锦涛谈到的改革决策的"科学性"和改革措施的"协调性"，还是他谈到的妥善处理"利益关系"和补偿"利益损失"等等，其目的都是为了避免改革与发展、稳定之间可能产生的冲突，以确保改革顺利向前推进。

总之，所有这些都启示我们，要正确地理解并阐释科学发展观，首先必须把握好发展、改革和稳定这三者之间的辩证关系。

一、发展是硬道理

早在1988年5月25日会见捷克斯洛伐克共产党中央总书记雅克什时，邓小平已经明确地表示：

> 中国解决所有问题的关键是要靠自己的发展。①

1992年1月18日—2月21日，邓小平在武昌、深圳、珠海、上海等地的谈话中进一步提出了"发展才是硬道

---

① 《邓小平文选》第三卷，人民出版社，1993年版，第265页。

理"① 的著名观点。毋庸置疑，按照他的看法，在发展、改革和稳定这三者的关系中，发展始终处于基础性的、前提性的位置上。邓小平的这一观点得到了胡锦涛的充分认同。在2004年9月19日《中共中央关于加强党的执政能力建设的决定》中，胡锦涛也以类似的口吻表示：

> 必须坚持抓好发展这个党执政兴国的第一要务，把发展作为解决中国一切问题的关键。②

不用说，胡锦涛所说的"第一要务"和邓小平所说的"硬道理"是一脉相承的，都不言自明地肯定了在发展、改革、稳定这三者的关系中，发展始终是解决好这三者关系的基础和出发点。事实上，我们还可以从以下两个方面进一步深化对邓小平提出的"发展才是硬道理"这个著名观点的认识。

一方面，从逻辑关系上看，在发展、改革和稳定这三者的关系中，发展居于先行的、基础性的位置上。既然只有在发展遭遇到障碍时，才会出现对体制改革的诉求，所以改革在逻辑关系上是不可能居于先行的、基础性的位置上的；同样地，也只有在改革进展到触及人们的重大利益关系的调整时，才会出现社会冲突和相应的社会稳定问题。因而从逻辑关系上看，稳定也不可能居于原初性的、基础的位置上。这样看来，在通常的情况下，发展在逻辑关系上作为改革、稳

---

① 《邓小平文选》第三卷，人民出版社，1993年版，第377页。
② 《科学发展观重要论述摘编》，中央文献出版社，2009年版，第14页。

定的基础和出发点是毋庸置疑的。

另一方面,当发展、改革与稳定之间的关系发生冲突时,尽管发展的步子在一定的范围内或程度上可以放慢下来,但却决不能把整个发展完全搁置起来,甚至牺牲整个发展而去满足改革或稳定。显而易见,这样做无异于釜底抽薪,它表明人们实际上并不明白,改革和维稳的根本目的究竟是什么。事实上,我们应该清醒地意识到,改革和维稳,归根到底是为了替发展创造条件。因为发展的基本含义就是发展生产,而发展生产对于任何一个社会来说都是生命攸关的事情。马克思在批判费尔巴哈的自然科学式的唯物主义观念时,早已指出:

> 这种活动、这种连续不断的感性劳动和创造、这种生产,是整个现存感性世界的非常深刻的基础,只要它哪怕只停顿一年,费尔巴哈就会看到,不仅在自然界将发生巨大的变化,而且整个人类世界以及他(费尔巴哈)的直观能力,甚至他本人的存在也就没有了。[①]

这就深刻地启示我们,在处理发展、改革、稳定这三者的关系时,在任何情况下都不应该把发展边缘化,甚至搁置或弃置在一边。如果说,延安时期的"大生产运动"是中国共产党在解放区的生存和发展中创造出来的宝贵经验的话,那么,"文化大革命"中的停工、停课,直至整个国民

---

① 《马克思恩格斯选集》第三卷,人民出版社,1960年版,第50页。

经济濒临崩溃,就是留给执政党的惨痛教训了。历史和实践一再表明,解决现代社会一切问题和冲突的答案都无例外地隐藏在发展之中,因而试图以牺牲发展来满足其他方面的任何想法和做法都必定是荒谬的,也必定是可笑的。

当然,单单认识到发展是"硬道理"、是"第一要务",还是远远不够的。2005年10月11日胡锦涛在《中共中央关于制定国民经济和社会发展第十一个五年规划的建议》一文中重申:

> 坚持发展是硬道理,坚持抓好发展这个党执政兴国的第一要务,坚持以经济建设为中心,坚持用发展和改革的办法解决前进中的问题。发展必须是科学的发展,要坚持以人为本,转变发展观念、创新发展模式、提高发展质量,落实"五个统筹",把经济社会发展切实转入全面协调可持续发展的轨道。[①]

毋庸置疑,在胡锦涛看来,一般地、泛泛地谈论发展是远远不够的,作为科学发展观,它关注的核心问题是中国经济社会如何"科学地向前发展",而科学发展至少包含着以下五个要点:

其一,坚持以人为本。毋庸置疑,要做到这一点,首先必须正确地理解"科学"(science)这个词的含义。拙著

---

① 《科学发展观重要论述摘编》,中央文献出版社,2009年版,第15—16页。

《科学发展观》（2008）曾经提出如下的观点，即在西方语言中，只有德语名词 Wissenschaft 的含义最符合我们所要表达的"科学"的含义，因为它既包含自然科学在内，也包含人文社会科学在内。事实上，要把"以人为本"的思想牢牢地安顿到科学发展观中去，"科学"这个用语就必须同时包含人文社会科学。[①]回顾中国改革开放以来的历史进程，我们发现，原来政府提出"科教兴国"、"科技兴国"的口号时，其中的"科"字几乎无例外地被官方传媒理解并解释为自然科学。然而，有感于市场经济中大量失序和欺诈现象的发生，邓小平提出了精神文明和物质文明一起抓的观点。在他那里，尽管"精神文明"是一个笼统的用语，但其中包含着人文素质，尤其是道德和法律方面的元素，却是无可争议的。随后，江泽民也提出了"以德治国"、"依法

---

① 俞吾金：《科学发展观》，重庆出版社，2008年版，第20页。

第一章　发展、改革与稳定

治国"的口号,试图彰显出人文社会科学在人们整个精神生活中的重要地位。而在胡锦涛时期,人文精神,尤其是儒家的人文精神通过"以人为本"的口号得到了进一步的肯定和张扬。

尽管这些做法都是积极的,富有意义的,然而,在我看来,只有全面地理解并阐释科学发展观中的"科学"概念的含义,才能真正体现出人们在对发展观的认识上的质的飞跃。当然,在胡锦涛看来,坚持以人为本,就是要从人民群众的根本利益出发去谋求发展,不断满足他们日益增长的物质文化需要,切实保障他们在经济、政治和文化上的合法权益,并最终实现个人全面发展的宏伟目标。

其二,转变发展观念。只要回顾一下新中国成立以来的前三十年的发展历史,就会发现,当时占支配地位的发展观念是:即使中国经济社会的发展停滞不前,而人民群众在物质文化生活上继续处于贫穷落后的状态下,只要国家在发展上坚持以阶级斗争为纲,避免了资本主义观念对我们的侵蚀,社会主义就算取得了巨大的成功。邓小平十分尖锐地批判了这种一度支配中国社会的错误的发展观念,反复强调,贫穷决不是社会主义:

> 社会主义阶段的最根本任务就是发展生产力,社会主义的优越性归根到底要体现在它的生产力比资本主义发展得更快一些、更高一些,并且在发展

11

生产力的基础上不断改善人民的物质文化生活。[1]

这就深刻地启示我们,转变发展观念,关键就是坚定不移地把发展的重心从"以阶级斗争为纲"转移到"以经济建设为中心"上来。事实上,也只有把生产和生产力搞上去了,把经济和人民群众的物质文化生活搞好了,把经济基础和综合国力搞上去了,其他方面的发展才可能获得坚实的物质基础,社会主义的事业才算成功地迈出了第一步。

其三,创新发展模式。众所周知,20世纪70年代,罗马俱乐部的成员们发表了一系列重要报告,阐明了人类生产的限度、资源的枯竭、环境的恶化和生态危机的来临。这些振聋发聩的报告促使世界各国的有识之士重新反思以往的发展模式,以便创造出以保护资源和环境为出发点的新的可持续的发展模式。在中国共产党第十八次全国代表大会的报告中,胡锦涛反复重申,节约资源和保护环境乃是中国今后发展的基本国策,并主张全力推进绿色发展、循环发展、低碳发展,形成节约资源和保护环境的空间格局、产业结构、生产方式和生活方式,从源头上扭转生态环境恶化的趋势:

> 要按照人口资源环境相均衡、经济社会生态效益相统一的原则,控制开发强度,调整空间结构,促进生产空间集约高效、生活空间家居适度、生态空间山清水秀,给自然留下更多修复空间,给农业

---

[1]《毛泽东 邓小平 江泽民论科学发展》,中央文献出版社,2009年版,第35页。

留下更多良田，给子孙后代留下天蓝、地绿、水净的美好家园。①

按照胡锦涛的论述，发展并不是随心所欲地开发环境，毫无节制地取用资源，而是始终应该以节约资源、保护环境、修复生态作为自己的前提。事实上，也只有自觉地维护这个前提，并始终在这个前提上发展自己，这样的发展才真正算得上是科学的发展。

其四，提高发展质量。众所周知，邓小平已经做出了"科学技术是第一生产力"②的重要断言，胡锦涛对此也有深刻的体认。他在多次谈话中强调，在当今世界上，科学技术已经成为经济社会发展的决定性力量，而加快科技进步的关键是大幅度地提升自主创新能力。在2005年10月11日撰写的《中共中央关于制定国民经济和社会发展第十一个五年规划的建议》中，胡锦涛大声疾呼：

> 必须提高自主创新能力。实现长期持续发展要依靠科技进步和劳动力素质的提高。要深入实施科教兴国战略和人才强国战略。把增加自主创新能力作为科学技术发展的战略基点和调整产业结构、转变增长方式的中心环节，大力提高原始创新能力、

---

① 胡锦涛：《坚定不移沿着中国特色社会主义道路前进，为全面建成小康社会而奋斗》，人民出版社，2012年版，第39页。
②《邓小平文选》第三卷，人民出版社，1993年版，第274页。

集成创新能力和引进消化吸收再创新能力。[①]

也就是说,科学发展不再像过去那样,搞所谓"人海战术"、搞所谓"实力消耗",而主要是发展自主创新的能力,努力在重大的、关键性的技术上进行突破,从而在发展中起到事半功倍的作用。

其五,落实"五个统筹"。这五个统筹是指:统筹城乡发展、统筹区域发展、统筹经济社会发展、统筹人与自然的和谐发展、统筹国内发展与国外开放。也就是说,科学的发展既要在不同的时期突出不同的发展重点,又要自始至终顾及全局、统筹各种关系,实现全面发展。事实上,也只有努力做到五个统筹,发展才不会成为昙花一现的偶然现象,而能保持其持久的生命力。

二、改革是自意识

众所周知,"改革"这个词在英语中的对应词是 reform。前缀 re - 有"再"、"重新"的含义,而词根 form 则有"形

[①]《科学发展观重要论述摘编》,中央文献出版社,2009年版,第16页。

式"、"体制"的含义,合起来的意思是:重新给予一种形式或体制。这也就是我们通常理解的改革的含义。据朱维铮先生的考证:

"改革"的近代涵义,在文献上可追溯到龚自珍写于1814—1815年的《乙丙之际箸议第七》。这篇仅有222字的短论,将八百年前王安石的"改易更革"主张,约简为"改革",说它表征着支配历史的"万亿年不夷之道",并向清朝君主讽示:"与其赠来者以劲改革,孰若自改革?"[1]

为什么龚自珍把改革称作"自改革"?因为他把改革理解为一个王朝对自己的疾病的自觉意识,并主动地起来对自己进行救治。我们知道,与 reform 不同的另一个词是 revolution(革命),它具有完全不同的内涵,其中的词根 volution 有 a spiral turn(一个螺旋式的转向)的含义,与前缀 re-合起来的含义是发生颠覆性的变化,即革命的意思。尽管龚自珍并没有使用"革命"这个词,但他以提问的方式所说的"与其赠来者以劲改革,孰若自改革?"毕竟表明他已经意识到这种可能性,不过没有明确地表述出来罢了。其实,我们在这里之所以把改革理解并阐释为"自意识",正是继承了龚自珍关于"自改革"的思想。自意识,也就是对自己状况的自觉的反思意识,而改革正是以这样的意识作为前提和开端的。1990年12月30日,在十三届七中全会闭幕式上的讲话中,江泽民曾对改革的性质做出了透彻的说明:

---

[1] 朱维铮:《走出中世纪二集》,复旦大学出版社,2008年版,第54页。

> 我们的改革是社会主义制度的自我完善和发展，目的是充分发挥社会主义制度的优越性，促进社会生产力的发展和推动社会的全面进步。改革既要克服过去体制中存在的弊端，又要继承和发扬我们在长期革命和建设中形成的好经验、好做法和好传统，并且适应新的历史条件不断地有所创造。①

毋庸置疑，作为改革者，我们必须清醒地意识到，改革是一个社会对自己疾病的自觉的诊断和救治。为什么要这样做？因为一个社会要向前发展，就必须排除一切阻碍其自身发展的因素，尤其是传统体制方面存在的消极因素。如果不这样做，发展就落实不下来，就会成为一句空话。也正是在这个意义上，胡锦涛告诫我们：

> 改革是发展的动力，也是实现科学发展的重要保证。②

我们发现，在现实生活中，存在着两种不同类型的"动力"（driving-force）：一种是"直接的动力"（direct driving-force），即每个人都要生存下去并发展自己的欲望。美国当代心理学家马斯洛曾经提出过关于"五个层次心理需求"的著名理论。第一个层次：人必须吃东西以便活下去；第二

---

① 《毛泽东 邓小平 江泽民论科学发展》，中央文献出版社，2009年版，第63—64页。
② 《科学发展观重要论述摘编》，中央文献出版社，2009年版，第79页。

第一章 发展、改革与稳定

个层次:人必须确保自己处于安全状态中,即他的生命不会受到威胁;第三个层次:人希望实现性和婚姻方面的欲望,因为人是有性别的存在物,也渴望自己的家庭和种族能够繁衍下去、财产能够被子女继承下去;第四个层次:人希望得到他人的尊重;第五个层次:人希望自己身上的潜能得以实现。

毋庸置疑,在人的心理需求的这五个不同的层次中,第一个层次是最根本的,它表现为人不得不与周围环境打交道的直接动力,事实上,不从周围环境中取用资源,任何人都无法生存下去,更遑论整个种族的繁衍。这就深刻地启示我们,任何一个社会想要获得自己在发展上的强大驱动力,就必须把人们身上的基本的欲望激发起来。事实上,没有这类普遍的欲望的参与,发展便会失去其原始的、直接的动力。黑格尔之所以把世界历史的发展描绘为经线(理性)与纬线(情欲)交织的结果,因为没有情欲或欲望的参与,历史便完全丧失了向前发展的动力。正如法国哲学家狄德罗所说的:

> 人们无穷无尽地痛斥情感……可是只有情感,而且只有大的情感,才能使灵魂达到伟大的成就。如果没有情感,则道德文章就不足观了,美术就回到幼稚状态,道德也就式微了。[①]

[①]《狄德罗哲学选集》,陈修斋等译,三联书店,1956年版,第1页。

另一种是"间接的动力"(indirect driving force)。不用说，改革所能提供的也就是间接的动力。由于传统的、不合理的体制束缚了人们的积极性，因而需要通过体制改革的方式把人们的积极性解放出来。其实，解放人们的积极性，实质上就是解放他们被束缚、被压抑的欲望。由此可见，间接的动力的全部作用就是解开束缚，从而把人们的欲望，即直接动力解放出来。在我看来，要全面地认识改革在当代中国经济社会发展中的重要地位和作用，必须把握以下四个要点。

其一，改革的战略目标是从计划经济体制转型为市场经济体制。在这一战略性的改革目标的确定上，邓小平的开创性的历史作用自不待言，这尤其表现在他下面这段重要的论述上：

> 计划多一点还是市场多一点，不是社会主义与资本主义的本质区别。计划经济不等于社会主义，资本主义也有计划；市场经济不等于资本主义，社会主义也有市场。计划和市场都是经济手段。社会主义的本质，是解放生产力，发展生产力，消灭剥削，消除两极分化，最终达到共同富裕。[1]

邓小平的高瞻远瞩之处在于，他并没有像以往的教条主义者那样，把"计划"与"市场"尖锐地对立起来。他希望中国未来的经济体制以市场经济为主，从而使资源的配置

---

[1]《邓小平文选》第三卷，人民出版社，1993年版，第373页。

改革

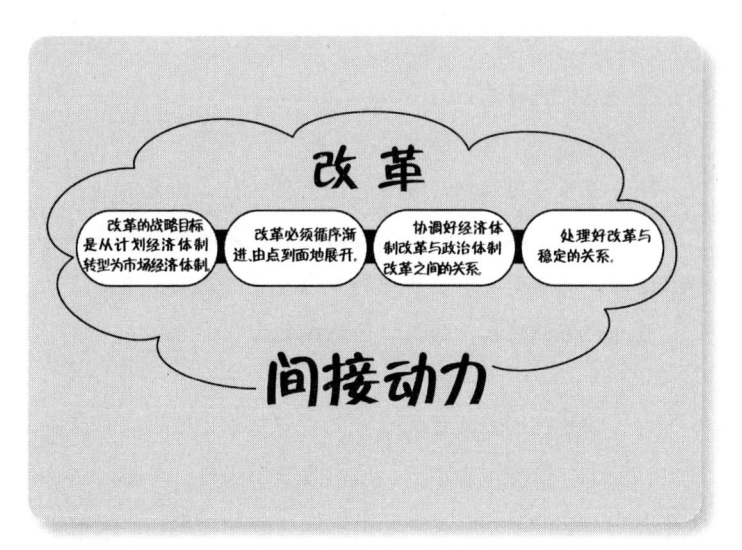

- 改革的战略目标是从计划经济体制转型为市场经济体制
- 改革必须循序渐进、由点到面地展开
- 协调好经济体制改革与政治体制改革之间的关系
- 处理好改革与稳定的关系

间接动力

达到最优的结果，但他并不排斥一定范围内的计划，即政府对经济活动的宏观上的调控或干预。事实上，任何一个社会，只要它不处于动乱或无政府主义的状态下，换言之，只要政府依然存在着，并实质性地发挥着自己的作用，它对经济活动的干预总是或多或少地存在着。在这个意义上可以说，绝对地排除政府的一切计划和干预的市场经济在现实生活中从来就没有存在过。总之，中国体制上的整体改革的核心是从计划经济向市场经济转型，只有抓住这一点，才能把握住改革的根本方向和实质。

其二，改革必须循序渐进、由点到面地展开。谁都明白，改革必定会引起经济社会的巨大变化，也必定会涉及到利益关系的大调整，因而需要极其谨慎地加以推进。我们知道，在邓小平这个改革开放的总设计师的策划下，中国的改革首先是从农村开始的，其主旨是抛弃传统的"吃大锅饭式的"不合理的体制，通过确立责任制（如家庭联产承包

制),调动农民群众的积极性。为什么改革先要从农村开始?邓小平是这样解释的:

> 因为中国人口的百分之八十在农村,如果不解决这百分之八十的人的生活问题,社会就不会是安定的。工业的发展,商业和其他的经济活动,不能建立在百分之八十的人口的基础之上。[1]

在农村改革取得成功的基础上,邓小平才稳步展开城市改革,因为他清醒地意识到,城市改革中的每一步都会影响千家万户,它的复杂性和风险远在农村改革之上。后来的事实也印证了邓小平推测的正确性,由于人口聚居,关系复杂,城市改革确实蕴含着许多变数,比如物价的波动、工人的下岗和再就业、国有企业的破产和重组、股份制的推行和相应的问题等等。事实上,城市改革中的每个举措都会产生"牵一发而动全身"的效应,因而需要特别谨慎地加以实施。

在诸多改革措施中,邓小平还采取建立"特区"、给予其政策优惠的办法,促使其快速发展,从而带动其他区域的改革和发展。在这方面,深圳特区的建设就是一个典型的例子。深圳建设获得成功后,邓小平又在总结其经验的基础上,拉开了上海浦东新区、天津塘沽新区等诸多特区建设的帷幕,由点及面,既使改革稳步展开,又取得了极其丰硕的成果。

---

[1] 《邓小平文选》第三卷,人民出版社,1993年版,第117页。

其三，要协调好经济体制改革与政治体制改革之间的关系。从20世纪80年代中期起，邓小平就十分关注政治体制的改革。在1986年中央政治局常委会议上，他明确表示：

> 政治体制改革同经济体制改革应该相互依赖，相互配合。只搞经济体制改革，不搞政治体制改革，经济体制改革也搞不通，因为首先遇到人的障碍。事情要由人来做，你伸手放权，他那里收权，你有什么办法？从这个角度来讲，我们所有的改革能不能成功，还是决定于政治体制的改革。①

在邓小平看来，经济体制改革中的重大问题，如产权问题、分配和再分配的问题等，同时也是政治体制改革中必须面对的重大问题，而政治体制改革的主要目的则是消除官僚主义，发展社会主义民主，调动人民群众和基层单位的积极性，处理好党和政府的关系、中央和地方的关系、法治和人治的关系。当然，邓小平也为政治体制改革划出了明确的界限，即执政党应该实施党政分开、权力下放和精简机构等改革措施，但它的执政地位是自始至终不能动摇的。众所周知，中国的政治体制深受苏联影响，在某种意义上，政治体制改革也就是从苏联模式中解放出来，为中国经济社会的发展提供新的推动力。

其四，要处理好改革与稳定的关系。如前所述，任何重大的改革措施必定涉及到人们利益关系上的重大调整，因而

---

① 《邓小平文选》第三卷，人民出版社，1993年版，第164页。

极有可能引起经济社会的震荡和冲突。邓小平早已敏锐地意识到这一点,他之所以把城市改革置于农村改革之后,就是考虑到当改革向纵深领域发展时必须有一个稳定的环境。1989年2月26日,邓小平在会见美国总统布什时,曾明确表示:

> 中国的问题,压倒一切的是需要稳定。没有稳定的环境,什么都搞不成,已经取得的成果也会失掉。①

在接见泰国正大集团董事长谢国民时,邓小平进一步重申:

> 只有稳定,才能有发展。只有共产党的领导,才能有一个稳定的社会主义的中国。②

这就深刻地启示我们,在积极推进全面改革的过程中,必须高度重视稳定问题。诸多国家或地区发展的历史教训表明,没有一个稳定的环境,改革就有可能夭折。

---

① 《邓小平文选》第三卷,人民出版社,1993年版,第284页。
② 《邓小平文选》第三卷,人民出版社,1993年版,第357页。

三、稳定是边界线

稳定（stability）是科学发展观中的基础性环节之一。在我们确定了小康社会的战略发展目标以后，稳定就具有特别重要的意义。事实上，邓小平早已意识到：

> 没有安定团结的政治局面，不可能搞建设，更不可能实行改革开放政策，这些都搞不成，开放不简单，比开放更难的是改革，必须有秩序地进行。所谓有秩序，就是既大胆又慎重，要及时总结经验，稳步前进。如果没有秩序，遇到这样那样的干扰，把我们的精力都消耗在那上面，改革就搞不成了。[1]

毋庸置疑，亲历过战乱和动乱的人都格外地珍惜稳定的政治局面。如果说，在20世纪80年代中期，政治体制改革成了中国人政治生活中的重大课题，那么，之后这个课题已经转变为另一个课题，即政治体制改革与中国社会稳定之间

---

[1]《邓小平文选》第三卷，人民出版社，1993年版，第199页。

的关系问题,而当稳定成了压倒一切的根本问题时,政治体制改革也就自然而然地退到幕后去了。

问题的棘手之处在于:一方面,稳定是压倒一切的,因为没有稳定的政治格局,确实什么也搞不成,许多发展中国家改革的失败都与失去稳定的政治格局有关;另一方面,政治体制改革又确实是当务之急,所谓"深度改革",一言以蔽之,就是不失时机地实施政治体制的改革。事实上,正如邓小平所指出的,不触及政治体制上的改革,经济体制的改革也就走到了尽头,再也无法深入下去了。然而,谁都知道,风险最大的是政治体制改革,如果它必定会以对稳定造成严重的影响为代价,那么政治体制改革还需要进行吗?当代中国人似乎面对着一个无解的悖论。

实际上,这个表面上看起来无解的悖论仍然是有解的。在我们看来,关键在于如何理解"稳定"这个词的含义。有趣的是,邓小平在1992年"南方谈话"时留下的一段话为我们走出这个悖论投下了一线曙光:

> 对于我们这样发展中的大国来说,经济要发展得快一点,不可能总是那么平平静静、稳稳当当。要注意经济稳定、协调地发展,但稳定和协调也是相对的,不是绝对的。发展才是硬道理。这个问题要搞清楚。如果分析不当,造成误解,就会变得谨小慎微,不敢解放思想,不敢放开手脚,结果是丧失时机,犹如逆水行舟,不进则退。[①]

[①]《邓小平文选》第三卷,人民出版社,1993年版,第377页。

第一章　发展、改革与稳定

在这段重要的论述中，邓小平直言不讳地告诉我们，"稳定和协调也是相对的，不是绝对的。发展才是硬道理。这个问题要搞清楚。"这就启示我们，稳定并不等于鸦雀无声；也并不等于通过一个决议时没有任何反对者或弃权者；更不等于实际生活中没有任何矛盾和冲突发生。事实上，历史和实践都表明，有不同意见、有反对的声音，才是正常生活；反之，真正可怕的倒是出现"鸦雀无声式的稳定"，因为谁都明白，鸦雀无声并不等于没有反对意见，而是表明持有不同意见的人敢怒而不敢言，表明政府与民众之间的沟通渠道已经出现严重的障碍。为什么中国传统社会总是像钟摆一样，在鸦雀无声与农民起义这两个极端之间摆动？因为历代王朝的统治阶级与民众之间几乎完全缺乏沟通，各种矛盾积压多了，始终得不到解决，也就只能诉诸农民起义这种破坏性的沟通方式了。在某种意义上，传统统治阶级追求的鸦雀无声式的稳定其实正是农民起义（即不稳定）的原因。由此可见，鸦雀无声式的稳定实质上是一种虚假的稳定，它本身就是动乱或农民起义的补充形式。这就深刻地启示我们，真正的稳定决不是鸦雀无声，而是借助于合理的政治体制的媒介，实现政府和民众之间的良性沟通。

有鉴于此，我们必须清醒地意识到，世界上根本就没有绝对的稳定，稳定永远是相对的。试图追求绝对的稳定，必定会把政治体制改革无限期地延缓下去或搁置起来，不但会丧失政治体制改革的最佳时机，而且最终反而会导致不稳定的政治局面的出现。这个道理很简单，既然人们的利益关系无法通过政治体制改革的实施而得到及时的、合理的调整，从长远来看，就有可能埋下不稳定的根子。

此外，还应该看到，我们不但已经置身于全球化的时代，而且也已经置身于因特网的时代。因特网使信息的发生、传播和影响的方式、速度发生了巨大的变化，甚至把一度独占鳌头的纸质传媒也逼入了绝境之中。随着因特网的发展而崛起的微信、QQ、微博、博客、视频、电子邮件、人肉搜索等全新的沟通方式，差不多使信息成了完全透明的东西。也就是说，信息已经变得很难加以屏蔽了。当然，这并不一定是坏事，因为富有道德和法律责任感的广大网民自觉地起来监督、揭露各级官员的特权和贪腐行为，在一定的范围内伸张了正义，阻止了执政党和政府的合法性治理资源的流失。

不管如何，我们必须记住，稳定是相对的，只有政治体制的改革才能为中国社会的最后稳定奠定基础，因而决不应该用维稳作为借口来延缓政治体制改革的实施。否则，改革开放以来取得的辉煌成果就有可能毁于一旦。我们应该有信心不失时机地推进政治体制改革，从而为中国社会的长治久安创造条件。

第二章

经济、政治与文化

"必须更加自觉地把全面协调可持续作为深入贯彻落实科学发展观的基本要求,全面落实经济建设、政治建设、文化建设、社会建设、生态文明建设五位一体总体布局,促进现代化建设各方面相协调,促进生产关系与生产力、上层建筑与经济基础相协调,不断开拓生产发展、生活富裕、生态良好的文明发展道路。"

第二章　经济、政治与文化

在科学发展观中，经济（economy）、政治（politics）和文化（culture）这三者的关系体现出社会结构方面的基本关系。科学的发展作为全面的发展，就是要正确地协调好这三者之间的结构关系。事实上，早在《新民主主义论》（1940）中，毛泽东就已从历史唯物主义的基本理论出发，阐述了这三者之间的辩证关系：

> 一定的文化（当作观念形态的文化）是一定的社会的政治和经济的反映，又给予伟大影响和作用于一定社会的政治和经济；而经济是基础，政治则是经济的集中的表现。这是我们对于文化和政治、经济的关系及政治和经济的关系的基本观点。[①]

在这段重要的论述中，毛泽东既阐明了文化与政治、经济之间的相互作用，又阐明了经济与政治之间的相互作用。事实上，毛泽东还探讨了这三者在经济社会革故鼎新的过程中的密切关系：

> 我们要革除的那种中华民族旧文化中的反动成分，它是不能离开中华民族的旧政治和旧经济的；而我们要建立的这种中华民族的新文化，它也不能离开中华民族的新政治和新经济。中华民族的旧政治和旧经济，乃是中华民族的旧文化的根据；而中华民族的新政治和新经济，乃是中华民族的新文化

---

① 《毛泽东选集》第二卷，人民出版社，1991年版，第663—664页。

的根据。[①]

毋庸置疑，毛泽东的论述也为我们理解当今中国社会在改革开放中发生的结构性变化提供了指导思想。按照毛泽东所理解和阐释的历史唯物主义的基本观点，经济始终是基础性的，而政治作为上层建筑的组成部分，只不过是经济的集中表现。至于以观念形态的方式出现的文化，既反映着经济、政治的客观诉求，又为这种诉求抹上了迥然各异的色彩。下面，我们将沿着这样的思路来刻画这三者在科学发展观中的结构性关系。

一、经济是起跑线

我想，任何一个不存偏见的人都会同意，经济（economy）活动乃是人类最基本的活动形式，是人类生命历史的起跑线。作为历史唯物主义理论的创始人，马克思早已指出：

> 我们首先应当确定一切人类生存的第一个前提

[①]《毛泽东选集》第二卷，人民出版社，1991年版，第664页。

也就是一切历史的第一个前提就是，人们为了能够"创造历史"，必须能够生活。但是为了生活，首先就需要衣、食、住以及其他东西。因此第一个历史活动就是生产满足这些需要的资料，即生产物质生活本身。同时这也是人们仅仅为了能够生活就必须每日每时都进行的（现在也和几千年前一样）一种历史活动，即一切历史的一种基本条件。[①]

毋庸讳言，在马克思看来，经济活动是人类一切其他活动的基础和出发点。事实上，人类也只有通过经济活动满足自己的基本欲望和需求，才能生存下去，并得以从事与环境打交道的各种其他的活动。当人类社会发展到以商品经济或市场经济作为主导性的经济形式时，"经济"这个用语便获

[①]《马克思恩格斯全集》第 3 卷，人民出版社，1960 年版，第 31—32 页。

得了极为丰富的内涵。除了投资与生产外，它还涵盖资源与配置、分工与交换、流通与贸易、分配与消费、货币与资本、金融与信用等诸多错综复杂的环节。不管这些环节之间的关系是多么纵横交错，马克思上面提到的"生产"始终是一个基础性的环节。

早在新民主主义革命初期，毛泽东对经济工作的重要性已有深刻的认识。在1933年撰写的题为《必须注意经济工作》的报告中，毛泽东已对以下两种错误观念进行了深刻的批判：一种观念是只重视革命战争、武装斗争，而完全忽略了根据地的经济建设工作；另一种观念是只重视根据地的经济建设，而完全忽视了革命战争的现实性和紧迫性。在深入批判第二种观念时，毛泽东这样写道：

> 在现在的阶段上，经济建设必须是环绕着革命战争这个中心任务的。革命战争是当前的中心任务，经济建设事业是为着它的，是环绕着它的，是服从于它的。那种以为经济建设已经是当前一切任务的中心，而忽视革命战争，离开革命战争去进行经济建设，同样是错误的观点。只有在国内战争完结之后，才说得上也才应该说以经济建设为一切任务的中心。[1]

毛泽东的观点十分明确：在革命时期，革命战争是中心任务，经济建设虽然重要，但它必须围绕革命战争而展开；

---

[1]《毛泽东选集》第一卷，人民出版社，1991年版，第123页。

而在国内战争完结之后的建设时期，经济建设应该成为"一切任务的中心"。

邓小平于"文化大革命"结束后从政治上复出，在许多场合下，他都不遗余力地强调经济建设的必要性和紧迫性。1982年9月，在陪同金日成去四川访问的路上，邓小平再三表示"要一心一意地搞建设"：

> 国家这么大，这么穷，不努力发展生产，日子怎么过？我们人民的生活如此困难，怎么体现出社会主义的优越性？……所以，社会主义必须大力发展生产力，逐步消灭贫困，不断提高人民的生活水平。……因此，我强调指出，要迅速地坚决地把工作重心转移到经济建设上来。十一届三中全会解决了这个问题，这是一个重要的转折。从以后的实践看，这条路线是对的，全国面貌大不相同了。[①]

在我们看来，邓小平之所以"把工作重心转移到经济建设上来"理解并阐释为"一个重要的转折"，因为它充分体现出历史唯物主义思想路线的恢复。邓小平在《国际形势和经济问题》中十分清醒地表示：

> 我的意思是，只靠我们现在取得的稳定的政治环境还不够。……最根本的因素，还是经济增长速度，而且要体现在人民的生活逐步地好起来。人民

[①]《邓小平文选》第三卷，人民出版社，1993年版，第10—11页。

看到稳定带来的实在的好处,看到现行制度、政策的好处,这样才能真正稳定下来。不论国际大气候怎样变化,只要我们争得了这一条,就稳如泰山。①

在这里,邓小平对"稳定"的理解是全面而深刻的。在他看来,只有发展经济,不断提高人民的物质生活水平,中国经济社会"才能真正稳定下来"。也正是在这个意义上,在1992年的"南方谈话"中,邓小平进一步强调:

不坚持社会主义,不改革开放,不发展经济,不改善人民生活,只能是死路一条。基本路线要管一百年,动摇不得。只有坚持这条路线,人民才会相信你,拥护你。谁要改变三中全会以来的路线、方针、政策,老百姓不答应,谁就会被打倒。②

今天,历史和实践都已证明,不仅邓小平当时做出的判断是正确的,而且邓小平以后的中国共产党的领导人也是正确的,因为他们坚定不移地继承了邓小平的遗志,始终牢牢地守护着这条以经济建设为中心的基本路线。

---

① 《邓小平文选》第三卷,人民出版社,1993年版,第355页。
② 《邓小平文选》第三卷,人民出版社,1993年版,第370—371页。

二、政治是制高点

马克思早已告诫我们，政治是经济的集中表现。我们认为，这句至理名言至少包含着以下两方面的含义：一方面，政治并不神秘，它的秘密深藏于经济利益之中。换言之，它总是直接地或间接地反映着不同阶级或阶层的经济利益。众所周知，在英语中，interest 的含义是"兴趣"，而它的复数形式 interests 的含义则是"利益"。如果人们把它的单、复数的含义综合起来，就会自然而然地达到下面的真理，即人们只对与自己利益有关的东西发生兴趣。也就是说，兴趣并不是漫无边际的，兴趣因利益而生，也因利益而不断得到强化。归根到底，人们的政治兴趣源于他们经济上的根本利益。[①] 另一方面，政治与经济又是有区别的，所谓"集中表现"

---

① 在我看来，迄今为止的人类历史表明，人类社会可以用下面两句话加以概括，即政治是经济的集中表现，军事是流血的政治。前一句话表明，一切政治活动的秘密都深藏于经济利益之中。对这一点，甚至不从事政治活动，而从事刑事案件侦破的刑警们也有深刻的感受。如果他们发现某人遭到谋杀，必定会提出如下的问题，即这个人非正常死亡后，哪个人可能会在经济上获益？换言之，人们的政治或其他行为总是直接地或间接地关系着他们的经济利益。后一句话则表明，政治活动及其作用是有限度的，一旦政治活动无法对人们在经济利益上的冲突进行有效的协调，军事冲突就会发生，而其结果就是：战败方服从战胜方在经济利益上的安排。

的意思是，人们在政治上关注的是他们在经济上的根本的、长远的利益，而不是经济关系中的蝇头小利。在这个意义上，我们完全可以说，政治高于经济，它超越了经济利益的琐碎性和经济活动的具体性，始终保持着自己应有的高度和整体性。

在新民主主义革命时期，毛泽东的第一篇重要文章《中国社会各阶级分析》（1925）就是从马克思的历史唯物主义立场出发，理解并阐释当时中国社会政治和经济关系的典范之作。正是通过对当时中国社会各阶级的经济状况的细致、深入的分析，毛泽东揭示出这些阶级的不同的政治立场和态度，从而澄清了新民主主义革命的领导力量、主力军、可靠朋友、可争取的盟友和真正的敌人，为以后的革命运动指出了明确的方向。在《反对本本主义》（1930）一文中，毛泽东明确指出：

第二章 经济、政治与文化

> 我们调查工作的主要方法是解剖各种社会阶级,我们的终极目的是要明了各种阶级的相互关系,得到正确的阶级估量,然后定出我们正确的斗争策略,确定哪些阶级是革命斗争的主力,哪些阶级是我们应当争取的同盟者,哪些阶级是要打倒的。[1]

这充分表明,虽然毛泽东的调查工作是从中国社会各阶级的经济情况着手的,但始终保持着政治上的制高点,即始终把掌握当时中国社会各阶级的政治立场和态度视为自己的最高目的。

与此同时,在领导秋收起义、建立自己武装队伍——红军的过程中,毛泽东很快就发现,红军中出现了"单纯军事观点"。按照这种观点,"军事好,政治自然会好,军事不好,政治也不会好",以为红军的任务也和白军一样,只是单纯地打仗,不知道红军乃是一个执行革命的政治任务的集团。有鉴于此,毛泽东在《关于纠正党内的错误思想》(1929)一文中及时地批判了这种单纯军事观点,后来又在红军中设立了政治委员的制度,并把支部建在连上,从而使红军在艰苦卓绝的武装斗争中始终保持正确的政治立场和清醒的政治意识。毛泽东把这方面的工作概括为"党指挥枪",确实是非常有见地的。

还需指出的是,1936年12月,震惊中外的"西安事变"爆发后,蒋介石不得不对共产党伸出了橄榄枝,但暗中始终奉行"攘外必先安内"的"内耗"策略,不断命令国

---

[1]《毛泽东选集》第一卷,人民出版社,1991年版,第114页。

民党的武装部队与共产党领导的新四军发生"摩擦",甚至试图消灭新四军的有生力量。在这样严峻的局势下,毛泽东总是公开发表谈话,一方面努力从政治上维护国共合作的大局,另一方面又不失时机地揭露国民党玩弄的各种阴谋,并下令新四军坚决消灭来犯的国民党军队。

抗日战争胜利后,毛泽东又撰写了《抗日战争胜利后的时局和我们的方针》(1945)一文,及时告诫全党和全国人民,蒋介石将会挑起全面内战:

> 当全国规模的内战还没有爆发的时候,人民中间和我们党内的许多同志中间,对于这个问题还不是都认识得清楚的。因为大规模的内战还没有到来,内战还不普遍、不公开、不大量,就有许多人认为:"不一定吧!"还有许多人怕打内战。怕,是有理由的,因为过去打了十年,抗战又打八年,再打,怎么得了?产生怕的情绪是很自然的。对于蒋介石发动内战的阴谋,我党所采取的方针是明确的和一贯的,这就是坚决反对内战,不赞成内战,要阻止内战。今后我们还要以极大的努力和耐心领导着人民来制止内战。但是,必须清醒地看到,内战危险是十分严重的,因为蒋介石的方针已经定了。按照蒋介石的方针,是要打内战的。按照我们的方针,人民的方针,是不要打内战的。……现在不要打的只是一个方面,并且这一方面的力量又还

第二章 经济、政治与文化

不足以制止那一方面,所以内战危险就十分严重。①

后来政治形势的发展完全证明了毛泽东的上述政治见解和推断是正确的。树欲静而风不止,蒋介石按其本性是决不会放弃挑起内战的阴谋的,他试图邀请毛泽东一行到重庆进行和平谈判,迫使毛泽东一行就范,但毛泽东对和平谈判的底线早已有清醒的意识。在《中共中央关于同国民党进行和平谈判的通知》(1945)一文中,毛泽东写道:

> 在谈判中,国民党必定要求我方大大缩小解放区的土地和解放军的,并不许发纸币,我方亦准备给以必要的不伤害人民根本利益的让步。无此让步,不能击破国民党的内战阴谋,不能取得政治上的主动地位,不能取得国际舆论和国内中间派的同情,不能换得我党的合法地位和和平局面。但是让步是有限度的,以不伤害人民根本利益为原则。②

从这段重要的论述可以看出,毛泽东不管看什么问题都是从政治的制高点出发的,而他又深知,他的政治立场正是他试图加以维护的人民群众在经济上的根本利益。这使他完全能够得心应手地与蒋介石周旋,并对付他可能玩弄的各种阴谋。事实上,正是由于毛泽东采取了正确的政治方针,蒋介石发动全面内战后,政治、军事形势很快就发生了戏剧性

---

① 《毛泽东选集》第四卷,人民出版社,1991年版,第1125—1126页。
② 《毛泽东选集》第四卷,人民出版社,1991年版,第1154页。

的逆转。仅仅在三年多的时间里，中国人民解放军就以摧枯拉朽之势，击垮了蒋介石八百万军队。为什么会发生如此伟大的奇迹？因为从政治上看，蒋介石早已失去了民心。其实，唐代名相魏征早已告诫我们，水能载舟，也能覆舟，而他所说的"水"正是指民心，这也是政治上最重要的东西。蒋介石一旦失去了民心，蒋家王朝的毁灭也就指日可待了。

如上所述，毛泽东的高瞻远瞩在很大程度上体现在他的政治眼光和识见上。即使在社会主义建设时期，毛泽东也十分重视政治工作，《在中国共产党第八届中央委员会第二次全体会议上的讲话》（1957）上，他反复重申：

> 要加强政治工作。不论文武，不论工厂，农村，商店，学校，军队，党政机关，群众团体，各方面都要极大地加强政治工作，提高干部和群众的政治水平。[①]

然而，遗憾的是，毛泽东对政治内涵的理解仍然停留在新民主主义革命时期，即把它理解为"以阶级斗争为纲"。实际上，在社会主义建设时期，历史背景已经发生了根本性的变化，中国共产党已经成为执政党，这个时期的主要矛盾不再是各个阶级之间的对抗和冲突，而是社会生产力的相对落后与人民群众日益增长的物质文化需要之间的落差和矛盾。毋庸置疑，尽管在社会主义历史时期仍然需要坚持从政治上看问题，但政治的内涵已经发生了根本性的变化，应该

---

① 《毛泽东选集》第五卷，人民出版社，1977年版，第329页。

第二章 经济、政治与文化

把发展经济、发展生产力理解为社会主义政治的最重要的内涵。

众所周知,对社会主义政治内涵的重新认识是从邓小平那里开始的,而邓小平的政治思考则始于对晚年毛泽东的"左"的、以阶级斗争扩大化为特征的错误思想政治路线的批判。事实上,在毛泽东亲自发动的"文化大革命"中,政治思想路线上的正确与否是决定一切的,至于经济建设,甚至整个国民经济濒临崩溃也完全可以置之度外。1985年4月15日,邓小平在会见坦桑尼亚联合共和国副总统姆维尼时曾经回忆道:

> 毛泽东同志是伟大的领袖,中国革命是在他的领导下取得成功的。然而,他有一个重大的缺点,就是忽视发展社会生产力。不是说他不想发展生产力,但方法不都是对头的,例如搞"大跃进"、人民公社,就没有按照社会经济发展的规律办事。①

其实,从"文化大革命"中毛泽东提出的"抓革命,促生产"的口号就可以看出,毛泽东是希望通过抓革命、抓阶级斗争来促进生产的发展的。其实,在中国共产党执政的社会主义历史时期,仍然不合时宜地鼓动阶级矛盾和阶级斗争,不但不能调动人民群众的积极性,反而从根本上破坏了这种积极性。何况,生产发展是以尊重经济发展规律为前提的,而不是以随心所欲的自由意志为出发点的。正是基于对

---

① 《邓小平选集》第三卷,人民出版社,1993年版,第116页。

毛泽东晚年的思想错误的深刻反省，邓小平对社会主义政治的内涵做出了新的阐释：

> 一个国家要取得真正的政治独立，必须努力摆脱贫困。而要摆脱贫困，在经济政策和对外政策上都要立足于自己的实际，不要给自己设置障碍，不要孤立于世界之外。[①]

邓小平清醒地意识到，一个国家在政治上的独立是以其经济上的独立作为前提的。很难想象，一个经济上贫穷落后的国家能够保持其政治上的独立地位。由此可见，在今后相当长的历史时期内，作为执政党，中国共产党必须把经济工作视为自己全部工作的重心。除非遭遇战争，决不能轻易改变这个重心。事实上，邓小平所制订的新时期的党的基本路线正是以经济建设为中心的，他希望这条基本路线一百年不变。因为在他看来，以经济建设为中心，就是当今中国最大的政治。事实上，只有经济上强大了，中华民族的伟大复兴才会充满希望，中国作为一个拥有数千年悠久的文化传统的国家才能自立于世界民族之林，并得到国际社会的认同。

不用说，在邓小平以后的时期，无论是江泽民、胡锦涛，还是习近平，都坚定不移地贯彻了经过邓小平重新阐释的社会主义政治的内涵，从而把发展生产力、发展经济、实现现代化视为当今中国社会的最大政治。

[①]《邓小平选集》第三卷，人民出版社，1993年版，第202页。

三、文化是软实力

据说,"文化"这个概念有三百种不同的定义。但就其内涵来说,也许可以分为以下两种不同的类型:第一,"广义的文化"(culture in a broad sense),即除了人的感觉经验未接触到的对象之外,所有其他的对象都属于这种类型的文化。它可以包含以下五个不同的层面:一是器物层面,二是行为层面,三是心理层面,四是制度层面,五是观念层面,而观念层面的核心则是价值层面。第二,"狭义的文化"(culture in a narrow sense),即仅限于从观念层面上去理解并阐释文化。显而易见,毛泽东在《新民主主义论》中表述的文化观是从属于狭义文化观的,因为他明确地指出:

> 一定的文化是一定社会的政治和经济在观念形态上的反映。[1]

事实上,在《新民主主义论》中,毛泽东之所以把新民主主义政治、新民主主义经济和新民主主义文化区分开

---

[1]《毛泽东选集》第二卷,人民出版社,1991年版,第694页。

来，就是为了限定文化这个用语的范围，即它尽管是人们的经济利益和政治立场在观念形态上的反映，但它本身既不从属于政治或经济，也不包含政治和经济于自身之内。它只是观念形态上的东西，它的核心内容则是价值观念。

在上述考察的基础上，毛泽东进而把中国文化区分为"五四"以前和"五四"以后两个不同的发展阶段。在"五四"以前，中国文化战线上的斗争主要表现为资产阶级的新文化与封建主义的旧文化之间的斗争；而在"五四"以后，中国产生了完全崭新的文化生力军——中国共产党领导的共产主义的文化思想。正是基于上述分析，毛泽东界定了新民主主义文化的内涵：

> 所谓新民主主义的文化，就是人民大众反帝反封建的文化；在今日，就是抗日统一战线的文化。这种文化只能由无产阶级的文化思想即共产主义思想去领导，任何别的阶级的文化思想都是不能领导了的。所谓新民主主义的文化，一句话，就是无产阶级领导的人民大众的反帝反封建的文化。[①]

在毛泽东看来，尽管打败日本帝国主义和国民党主要依靠军事上的武装力量、政治上的统一战线和经济上的生产自救活动，但新民主主义文化也起着不可或缺的作用。有鉴于此，毛泽东甚至提出了"文化革命"的口号，并把它与"政治革命"、"经济革命"并列起来：

[①]《毛泽东选集》第二卷，人民出版社，1991年版，第698页。

> 文化革命是在观念形态上反映政治革命和经济革命，并为它们服务的。在中国，"文化革命"，和政治革命一样，有一个统一战线。①

在《在延安文艺座谈会上的讲话》（1942）和《文化工作中的统一战线》（1944）等文章中，毛泽东进一步阐释了他关于建设新民主主义文化的主张。毋庸置疑，在新民主主义革命时期，毛泽东关于文化问题的论述是卓有见地的。

然而，新中国成立以后，由于毛泽东仍然坚持新民主主义革命时期的"以阶级斗争为纲"的思想路线，从而严重地高估并扩大化了思想文化领域里的阶级斗争。从对梁漱溟的指责到对所谓"胡风反党集团"的批判、从对俞平伯的《红楼梦》研究倾向的不满到对吴晗的新编历史剧《海瑞罢官》的上纲，思想文化阵地上硝烟重重，直到晚年毛泽东亲自发动"文化大革命"，而"四人帮"又借机发难，遂使整个中国社会陷入了"十年浩劫"之中。事实上，"文化大革命"的思想在毛泽东于延安时期提出的"文化革命"的口号中已见端倪。它深刻地启示我们，必须重新认识文化在社会主义建设时期的内涵、地位和历史作用。

邓小平几乎很少使用文化概念。1987年3月3日，邓小平在会见美国国务卿舒尔茨时明确表示：

> 中国要实现四个现代化，摆脱落后状态，必须有

---

① 《毛泽东选集》第二卷，人民出版社，1991年版，第699页。

一个安定团结的政治局面，必须有领导有秩序地进行建设。闹事就使我们不能安心建设，我们已经有"文化大革命"的经验教训，这样一闹，就会出现新的"文化大革命"。

从这段重要的论述可以看出，邓小平大致上是按照毛泽东在《新民主主义论》中对政治、经济和文化的三分来理解并阐释文化概念的。他十分排斥类似于"文化大革命"这样的文化事件，并从政治上把它们与"闹事"等同起来。显然，他重视的是经济上如何进行改革、政治上如何发展民主，并喜欢对应物质文明的建设来谈精神文明的建设，而在他的语境中，文化自始至终不过是精神文明的一个组成部分：

我们要建设社会主义国家，不但要有高度的物质文明，而且要有高度的精神文明。所谓精神文明，不但是指教育、科学、文化（这是完全必要的），而且是指共产主义的思想、理想、信念、道德、纪律，革命立场和原则，人与人的同志式关系，等等。[1]

不难发现，尽管邓小平也肯定文化是"完全必要的"，但他只是把它理解为精神文明这个大概念中的一个有机的组成部分，并进而在观念形态的范围内再把它与教育、科学分

---

[1]《毛泽东 邓小平 江泽民论科学发展》，中央文献出版社，2009年版，第32—33页。

离开来，并平列起来。比较起来，他更重视教育和科学技术的发展，他只是在各种场合下强调一点，即整个文化事业，包括文化作品在内，必须符合四项基本原则。

江泽民大致上是按照邓小平关于物质文明和精神文明建设不可偏废的思路来关注文化问题的。在《以人民群众为本》(1994)一文中，他这样写道：

> 坚持物质文明和精神文明两手抓，是贯穿社会主义现代化建设全过程的重要战略方针。越是大力发展社会主义市场经济，越要切实加强精神文明建设，繁荣教育、科学、文化事业，加强人民正确的思想道德武装，弘扬崇高的民族正气，维护良好的社会秩序和社会风尚。这样才能为物质文明提供强大动力和重要保证，才能确保有中国特色社会主义

事业全面发展。①

在江泽民看来，文化从属于精神文明，而精神文明的发展归根到底是为物质文明的发展"提供强大动力和重要保证"的。这里充分肯定了精神文明建设，包括文化建设对物质文明建设的反作用。1997年，在《高举邓小平伟大旗帜，把建设有中国特色社会主义事业全面推向21世纪》一文中，江泽民进一步提出了"中国特色社会主义的文化"的新概念，并对其含义做出了明确的阐释：

> 建设有中国特色社会主义文化，就是以马克思主义为指导，以有理想、有道德、有文化、有纪律的公民为目标，发展面向现代化、面向世界、面向未来的，民族的科学的大众的社会主义文化。就是要坚持用邓小平理论武装全党，教育人民；努力提高全民族的思想道德素质和教育科学文化水平；坚持为人民服务、为社会主义服务的方向和百花齐放、百家争鸣的方针，重在建设，繁荣学术和文艺。建设立足中国实际、继承历史文化优秀传统、吸取外国文化有益成果的社会主义精神文明。②

在这段论述中，江泽民把毛泽东在《新民主主义论》

---

① 《毛泽东 邓小平 江泽民论科学发展》，中央文献出版社，2009年版，第70页。
② 《毛泽东 邓小平 江泽民论科学发展》，中央文献出版社，2009年版，第70页。

> 建设有中国特色社会主义文化，就是以马克思主义为指导，以有理想、有道德、有文化、有纪律的公民为目标，发展面向现代化、面向世界、面向未来的，民族的科学的大众的社会主义文化。

中的相关论述与邓小平关于文化的论述综合起来了，并在其著名的"三个代表"的理论中，强调执政党应该成为先进文化的代表。尽管在有中国特色社会主义理论中，文化问题的重要性得到了更多的关注，但和邓小平一样，江泽民关注的重点仍然落在政治和经济领域中。

在胡锦涛那里，文化问题不仅受到了高度的关注，而且这种关注也被充分地彰显出来了。在中国共产党第十八次代表大会的报告中，胡锦涛明确表示：

> 文化是民族的血脉，是人民的精神家园。全面建成小康社会，实现中华民族伟大复兴，必须推动社会主义文化大发展大繁荣，掀起社会主义文化建设新高潮，提高国家文化软实力，发挥文化引领风

尚、教育人民、服务社会、推动发展的作用。①

在这段极为重要的论述中，文化不仅成了中华民族的"血脉"和"精神家园"，而且也成了国家的"软实力"，其重要性自不待言。更引人瞩目的是，胡锦涛还提出了"建设社会主义文化强国"的口号，并把文化强国的建设具体化为以下四条重要的措施：第一，加强社会主义核心价值体系的建设，并把这一体系概括为"富强、民主、文明、和谐，自由、平等、公正、法治，爱国、敬业、诚信、友善"二十四个大字；第二，全面提高公民道德素质，既继承中华民族的传统美德，又弘扬当今时代的新风气；第三，丰富人民的精神文化生活，为人民提供更多更好的精神食粮；第四，增强文化整体实力和竞争力，推动文化事业的全面繁荣和文化产

---

① 胡锦涛：《坚定不移地沿着中国特色社会主义道路前进，为全面建成小康社会而奋斗》，人民出版社，2012年版，第30页。

业的快速发展，坚持社会主义先进文化的方向，确立高度的文化自觉和文化自信。①

毋庸置疑，胡锦涛在"十八大"报告中强调的"五位一体"（政治、经济、社会、文化和生态），与毛泽东在《新民主主义论》中提出的"三位一体"（政治、经济、文化）比较起来，似乎更富有当今时代的特征。当然，在充分肯定文化建设在中国现代化道路上的历史地位和具体作用的同时，我们也应该充分认识文化自身的局限性。

首先，应该清醒地意识到，文化始终是在社会生活背景中起作用的因素。就其重要性来说，文化之于人，犹如水之于鱼、空气之于生物，确实是不可或缺的。但与此同时，我们也必须把握下面这一点，即文化不过是背景性的因素，不

---

① 胡锦涛：《坚定不移地沿着中国特色社会主义道路前进，为全面建成小康社会而奋斗》，人民出版社，2012年版，第31—34页。

值得对它的历史地位和具体作用加以无限地夸大，也没有必要把文化尊为"救世主"加以顶礼膜拜。

其次，应该明白，文化起作用的方式始终是间接的、潜移默化的。把它理解并阐释为当下就能直接起作用的因素是错误的，也是违背文化本性的。事实上，这种理解和阐释方式也不符合文化自身的特点及其发展的客观规律。重要的是，不仅仅把"百花齐放、百家争鸣"理解为"方针"，因为方针是从主观方面加以制定的，它可以被实行，也可以不被实行，重要的是，把"双百"理解为在任何社会及其任何历史阶段上文化发展并繁荣不得不遵循的客观规律。

再次，应该严肃地拒绝对文化概念的滥用，自觉地把对文化的理解限定在狭义文化概念的范围内，即把文化理解为观念形态的东西，而其核心则是价值观念。正如《圣经》启示我们的，应该把上帝的归给上帝，把凯撒的归给凯撒。我们切不可用文化概念去包揽一切，而应该把政治的归给政治，把经济的归给经济，把社会的归给社会，把生态的归给生态，把军事的归给军事，把外交的归给外交。总之，应该自觉地使文化概念退回到它实际适用的范围内去，并进而清醒地意识到，文化这个软绵绵的、酸性的概念非但不可能创造任何奇迹，反而有可能把我们已经创造出来的奇迹毁掉。正如古人告诫我们的，亡羊补牢，为时未晚。我们应该牢牢地记住"文化大革命"的教训，把思想从文化的殖民中拯救出来！

第三章

市场、资本与权力

"要按照建立中国特色社会主义行政体制的目标,深入推进政企分开、政资分开、政事分开、政社分开,建设职能科学、结构优化、廉洁高效、人民满意的服务型政府。"

当人们把当代中国社会作为自己的反思对象时,他们绝对不能忽略下面这个基本事实,即当代中国社会正处于从计划经济模式向市场经济模式转型的过程中。此外,这一转型过程不是像欧洲那样,是在漫长的历史过程中,通过自下而上的方式,缓慢地加以实现的,而是中国的执政党和政府意识到了这一转型的重要性和紧迫性,因而试图通过自上而下的方式,在短时期内完成这一转型。

值得注意的是,在这一转型过程中,当代中国社会既缺乏与市场经济模式相适应的法律准备,也缺乏相应的制度安排。这就必定会形成各种失序现象,甚至"无法无天"的现象,而在计划经济模式中起着决定性作用的行政权力,又几乎原封不动地被转移到市场经济模式中,尽管它在宏观调控和区域经济的发展中,在一定范围内起着积极的作用,但它也唤醒了某些官员的贪腐意识和享乐意识,使他们突然意识到自己手中握有的权力在市场上的巨大的交换价值。

于是,他们千方百计地通过各种寻租活动,使权力与资本勾结起来:一方面,权力为资本敞开了方便之门,于是,各种资源源源不断地涌向拥有资本的人;另一方面,拥有权力的人也得到了相应的金钱或其他资源(包括生活资源,如房产、奢侈品、会员卡、出国旅游、提供其子女在国外生活的费用等)上的回报。这类权钱交易、权权交易,(拥有不同权力的人就各自掌控的国有资源进行交易,并从中渔利)不但严重地影响着市场经济模式中各种资源的优化配置,而且迅速地使国有资产私有化,在社会转型的过程中留下了巨大的隐患。

总之,一方面,市场经济模式为未来中国经济社会的发

展提供了重要的契机；另一方面，转型中出现的诸多严重问题也使未来的发展充满了各种变数，值得我们深长思之。下面，我们的探索将聚焦于市场（market）、资本（capital）与权力（power）三者的关系上，而这三者的关系也正是科学发展观所关切的。

一、市场是生命体

在迄今为止人类社会的发展中，市场经济模式也许可以说是最为合理的模式了。英国古典经济学家亚当·斯密曾在

《国富论》(1776)中描述了市场经济的神秘特征,即"人人为自己,上帝为大家",这里所说的"上帝"就是市场经济。谁都不会怀疑,在市场经济和劳动分工的大背景下,假定A从事某种商品(比如鞋子)的生产,他是不可能成为自己生产的全部产品的消费者的,他会把鞋子拿到市场上去销售,以换取自己需求的另一些商品,比如食品、茶叶、服装等;再假定B是从事食品生产的,他也不可能成为自己生产的全部产品的消费者,他也会把食品拿到市场上去销售,以换取自己需求的另一些商品,比如鞋子、茶叶、服装等。于是,通过交换,B和A都得到了各自需求的商品。在这个意义上,能够满足人们的各种需求的市场确实发挥着上帝的作用。尽管参与市场生活的每个人都是基于对自己和自己家庭的利益的考量,而去从事生产、交换或消费活动的。换言之,每个人行为的出发点都是为自己,而不是为他人,但客观上,每个人都为他人满足自己的需求提供了方便,而这种普遍的客观性和有效性正是由神奇的市场经济模式所提供的。

市场经济模式的神奇性还表现在,尽管它的躯体很庞大,或许可以用史前巨兽——已经灭绝的恐龙比喻之。据说,有些种类的恐龙身体长达十多米,以至于当它的尾巴受到攻击,甚至已被其他猛兽吃掉时,相应的信息才刚刚传到十多米外的脑袋中。如果我没有记错的话,拉兹洛曾把这种现象称作"恐龙综合征"。显然,恐龙作为物种的灭绝,与这种综合征有着某种内在的联系。乍看起来,市场经济模式类似于恐龙,也是一个反应迟缓的庞大的生命体,但它却与恐龙迥然不同,它对信息的传递和反馈是异常迅速的,而主导这类信息处理的则是隐藏在市场经济机制中的价值规律。事实上,只要任何一种商品因短缺而价格上涨,生产者或商业贸易中的投机者就会不失时机地把资本转移到这个领域中,直到这种商品的价格回落为止。而资本的转移又奠基于投资者的不变的欲望,即用手头的资本获取最大的收益。只要人类还没有放弃这种欲望(事实上它也是不可能被放弃的),那么市场经济这个庞大的生命体就始终会对各种信息做出迅速的反馈,就像受过训练的河马能够在瓷器店里灵巧地转圈,而决不会碰坏任何瓷器一样。

如前所述,当代中国社会正处于从计划经济模式向市场经济模式转型的过程中。这里实际上涉及到以下四个不同的概念,即"计划"、"计划经济模式"、"市场"、"市场经济模式"。长期以来,人们以教条主义的态度对待这四个概念,种种误解由此而生:

误解之一是:把社会主义与计划经济模式简单地等同起

第三章 市场、资本与权力

来、把资本主义与市场经济模式简单地等同起来。事实上,正是这"两个等同",既使我们看不到资本主义挽救自己危机的灵活性和自组织性,也使我们长期以来沉湎于计划经济的模式中,看不到市场经济模式蕴含的积极因素。我们发现,正是邓小平打破了这个长期以来禁锢着中国人大脑的错误观念,在1991年视察上海时的谈话中,邓小平斩钉截铁地表示:

> 不要以为,一说计划经济就是社会主义,一说市场经济就是资本主义,不是那么回事,两者都是手段,市场也可以为社会主义服务。[①]

在这段极为重要的论述中,邓小平有力地驳斥了"两个等同"的理论,这在当代中国思想解放史上可以说是一个决定性的里程碑。后来,邓小平提出的"社会主义市场经济"的概念就是奠基于上述思想的基础之上的。毋庸置疑,当邓小平表示"市场也可以为社会主义服务"时,他实际上也驳斥了对前面提到的四个概念的第二种误解。

误解之二是:把市场与市场经济模式简单地等同起来、把计划与计划经济模式简单地等同起来。按照前一个等同的思路,人们连"市场"这个词也不敢提,因为一提它,就等于在搞市场经济模式,等于在搞资本主义;按照后一个等同的思路,"计划"似乎成了计划经济模式的专利品,难道市场经济模式是完全排斥计划的吗?那么,西方国家一度流

[①]《邓小平文选》第三卷,人民出版社,1993年版,第367页。

行的凯恩斯主义又作何解释呢？1992年，邓小平在"南方谈话"中指出：

> 计划多一点还是市场多一点，不是社会主义与资本主义的本质区别。计划经济不等于社会主义，资本主义也有计划；市场经济不等于资本主义，社会主义也有市场。计划和市场都是经济手段。社会主义的本质，是解放生产力，发展生产力，消灭剥削，消除两极分化，最终达到共同富裕。……总之，社会主义要赢得与资本主义相比较的优势，就必须大胆吸收和借鉴人类社会创造的一切文明成果，吸收和借鉴当今世界各国包括资本主义国家的一切反映现代社会化生产规律的先进经营方式、管

理方法。[1]

从邓小平的上述论断中至少可以引申出以下三点结论：第一，市场是手段，市场经济模式是体制，两者不能简单地等同起来；同样地，计划也是手段，而计划经济模式则是体制，两者也不能简单地等同起来。第二，虽然市场经济模式与计划经济模式是不相容的，但市场经济模式却可以与计划相容。事实上，任何一种市场经济模式，只要它在运行时没有处于无政府主义的状态下，它就不可能绝对地摆脱政府的计划和干预；同样地，计划经济模式的运行也不可能完全排斥市场。实际上，在社会转型之前，即当中国社会处于计划经济模式中时，市场也始终存在着。尽管它是先天不足的、发育不全的，又受到行政权力的干扰和打压，但商品生产、交换、消费、市场经营和货币兑换始终是存在着的，不过处于压抑的、边缘的状态下而已。第三，社会主义的本质是解放生产力、发展生产力，而要做到这一点，就必须借鉴并吸收资本主义已经达到的一切优秀的成果，因而只要有利于生产力的提升和人民群众的共同富裕的，完全可以打破传统的思想禁区，不但接受市场这种手段，而且接受市场经济模式这种体制。

每一个不存偏见的人都会发现，自改革开放以来的三十多年中，中国经济社会发生了巨大的变化，并已从相对落后的、贫穷的国家跃升为世界第二大经济体。历史和实践都已证明，邓小平的上述观点是完全正确的，社会主义没有必要

---

[1] 《邓小平文选》第三卷，人民出版社，1993年版，第373页。

固守计划经济模式，而完全可以采用市场经济模式，并借鉴资本主义的一切优秀成果来发展自己。

当然，在充分估量市场经济蕴含的积极因素时，我们也应该清醒地意识到它的负面因素，并努力遏制这些负面因素的蔓延。一方面，我们应该积极地推进经济体制的改革，使之与市场经济模式相适应，但与此同时，我们也应该注意到，市场经济模式的运行是有其自身的限度的。比如，不应该用急功近利的眼光去看待并取舍人文社会科学的学科；再如，也不应该把等价交换的市场原则扩展到对朋友关系、家庭关系，甚至恋爱关系的处理上。总之，当代中国社会的发展，既要适应市场经济的机制，又要在某些方面超越市场经济的机制，保持住人这个理性存在物所应有的高度。另一方面，我们既要尊重市场经济所蕴含的价值规律，并按照这一规律办事，但也应该注意到，我们不能随波逐流，市场经济中的竞争决不是丛林中的竞争，应该运用宏观调控的方式，使价值规律朝着有利于共同富裕、有利于缩小贫富差距的方向发展。正如美国政治哲学家罗尔斯在《正义论》（1971）中提出的差异原则所昭示的，即使政府不得不实施会损害一部分人利益的措施，那么这些措施的制定也应该让处于弱势群体中的人受损最少。

总之，当今中国社会正在实施的"社会主义市场经济"乃是国际共产主义运动史上划时代的创举，这一创举是与邓小平的名字分不开的。然而，如何有效地化解市场经济模式中产生的种种问题，仍然是我们在前进的道路上必须面对的严峻的挑战。

二、资本是驱动轮

当人们置身于市场经济模式中来探讨问题时，立即就会发现，资本是一个无法回避的核心问题。关于这一点，马克思也是在自己的研究过程中才认识到的。众所周知，马克思在1858年11月至1859年1月完成了书名为《政治经济学批判》（第一分册）的著作，而该书第一册的标题则是"资本"。然而，耐人寻味的是，他没有按照原来的设想写出第二分册、第三分册等，而是在1867年出版了书名为《资本论》（第一卷）的著作，却把"政治经济学批判"这个短语调整为全书的副标题。在这里，发人深省的是，为什么马克思要把"资本"这一概念提升为他一生中最重要的著作的书名，而把"政治经济学批判"这一短语从书名下降到副标题的位置上？这是因为，随着研究活动的深入，马克思发现，无论是对政治经济学的批判，还是对现代经济社会的考察，都会不约而同地聚焦在"资本"这个现代社会的内在灵魂和核心原则上。换言之，资本乃是解开现代经济社会秘密的一把钥匙。

按照马克思的观点，在任何社会形态中，人都是有欲望的，然而在现代社会中，人的欲望却展示出一个迄今为止最大的可能性的空间。因为正是在现代社会的经济形式中，资本获得了基础性的、核心的地位。资本不但成了人的欲望扩张的巨大助力，而且它本身就是欲望。正如马克思所说：

> 资本作为财富一般形式——货币——的代表，是力图超越自己界限的一种无止境的和无限制的欲望。[①]

在现代社会中，一旦个人获得了巨额资本，不仅他的欲望可以无限地增长，而且这些欲望也极易得到实现：

> 货币的力量多大，我的力量就多大。货币的特

[①]《马克思恩格斯全集》第46卷（上），人民出版社，1979年版，第299页。

第三章 市场、资本与权力

性就是——货币持有者的特性和本质力量。①

当货币作为资本被运用时,它的魔力甚至超出了人的想象力。因为它成了人的欲望得以实现的点金术,而这种欲望又是没有限制的,所以资本的原始积累就表现为一部血迹斑斑的历史:

> 资本来到人间,从头到脚,每个毛孔都滴着血和肮脏的东西。②

对于资本来说,不仅它的诞生是一部不光彩的历史,而且它的全部存在、运作、积累和扩张,无不笼罩在阴云惨雾中。有鉴于此,马克思这样写道:

> 作为资本家,他只是人格化的资本。他的灵魂就是资本的灵魂。而资本只有一种生活本能,这就是增殖自身,获取剩余价值,用自己不变的部分即生产资料吮吸尽可能多的剩余劳动。资本是死劳动,它像吸血鬼一样,只有吮吸活劳动才有生命,吮吸的活劳动越多,它的生命就越旺盛。③

一方面,人的欲望的扩张不断地推动资本的积累,另一

---

① 《马克思恩格斯全集》第42卷,人民出版社,1979年版,第152页。
② 马克思:《资本论》第一卷,人民出版社,1975年版,第829页。
③ 马克思:《资本论》第一卷,人民出版社,1975年版,第260页。

方面，资本的积累又使人的欲望空间不断扩张。实际上，欲望和资本是一而二、二而一的事情。马克思在这里之所以把资本比喻为"吸血鬼"，是因为只有把资本投入到生产劳动的过程中，使之不断地吮吸活的劳动，资本才会增殖。然而，

> 资本由于无限度地盲目追逐剩余劳动，像狼一般地贪求剩余劳动，不仅突破了工作日的道德界限，而且突破了工作日的纯粹身体的界限。①

由此可见，资本就像一条野狼，它是不会用法律和道德来约束自己的欲望的。当然，马克思并没有停留在对资本原始积累中的血泪斑斑的历史的道德谴责中，从历史唯物主义的基本理论出发，他高瞻远瞩地看到了资本、资本家和资产阶级在历史上曾经起过的积极作用：

> 只有资本才创造出资产阶级社会，并创造出社会成员对自然界和社会联系本身的普遍占有。由此产生了资本的伟大的文明作用；它创造了这样一个社会阶段，与这个社会阶段相比，以前的一切社会阶段都只表现为人类的地方性发展和对自然的崇拜。②

---

① 马克思：《资本论》第一卷，人民出版社，1975年版，第294—295页。
②《马克思恩格斯全集》第46卷（上），人民出版社，1979年版，第393页。

> 只有资本才创造出资产阶级社会,并创造出社会成员对自然界和社会联系本身的普遍占有。

或许可以说,正是基于这一总体性的历史眼光,马克思既肯定了"资本的历史的合理性"[①],也肯定了"资产阶级在历史上曾经起过非常革命的作用"[②]。

马克思关于资本的观点为我们在社会转型时期正确地认识资本的历史作用提供了指导思想。事实上,早在改革开放之初,邓小平就提出了建立特区、吸引外来资本的观念。1984年,邓小平在谈到厦门特区的建设时曾经表示:

> 厦门特区不叫自由港,但可以实行自由港的某些政策,这在国际上是有先例的。只要资金可以自由出入,外商就会来投资。我看这不会失败,肯定

[①]《马克思恩格斯全集》第46卷(上),人民出版社,1979年版,第247页。

[②]《马克思恩格斯选集》第一卷,人民出版社,1995年版,第274页。

益处很大。①

有趣的是，邓小平不但主张引进外国资本，而且也主张引进"外国智力"，即外国的人力资本来加快南方经济特区乃至整个中国经济社会的转型和发展：

> 要利用外国智力，请一些外国人来参加我们的重点建设以及各方面的建设。对这个问题，我们认识不足，决心不大。搞现代化建设，我们既缺少经验，又缺少知识。不要怕请外国人多花了几个钱。他们长期来也好，短期来也好，专门为一个题目来也好。请来以后，应该很好地发挥他们的作用。②

由此可见，邓小平对"资本"概念的内涵有着更为宽泛的理解。③ 不管如何，回顾 30 多年来中国经济社会的翻天覆地的变化，我们发现，直接地看，这种变化正是由资本造成的。比如，深圳、珠海这些地方，过去都是贫穷落后的渔村，为什么现在都成了现代化城市？难道不正是资本投入的结果吗？又如，上海浦东，新中国成立以来的前 30 年几乎没有什么变化，但后 30 年却出现了巨变，甚至陆家嘴一带

---

① 《邓小平文选》第三卷，人民出版社，1993 年版，第 52 页。
② 《邓小平文选》第三卷，人民出版社，1993 年版，第 52 页。
③ 这似乎更切合当代法国哲学家布尔迪厄对"资本"概念的理解。布氏的过人之处在于，他不主张人们对资本的理解局限在马克思所主张的"经济资本"的范围之内，而是提出了"社会资本"、"文化资本"等新概念。

被许多游客比喻为"中国的曼哈顿",这样的奇迹又是怎么被创造出来的?难道不正是大量资本注入的结果吗?

由上可知,即使在当代中国社会的语境中,我们仍然可以发现,资本是人类历史发展的巨大的驱动轮。然而,正如马克思在前面的分析中所昭示的,资本也有自己的发展逻辑,即最大限度地使自己增殖。在这个意义上,资本又像"洪水猛兽",为了无限制地增殖自己,它常常会突破各种约束,包括法律、道德对它的约束。比如,假冒伪劣商品的生产、童工的启用、工作日的延长、工作条件的恶化、拖延并克扣雇工的工资、金融欺诈、伪造票证、卷款潜逃、追求垄断利益等等。显然,对资本运作中可能产生的各种违法、违规现象,我们必须有清醒的认识,并按照法律,认真加以处理,以确保资本沿着健康的、合理的、合法的方式得到运用。

三、权力是双刃剑

众所周知,德国社会学家马克思·韦伯曾经提出"理想型"(ideal type)这一著名的概念,我们也完全可以用它来分析"市场经济"(market economy)这个对象。当人们谈论市场经济时,假如他们谈论的是理想型的市场经济,那么这一经济模式在各方面都应该处于理想状态之中,即它应该成为一种完美的、切合理想的市场经济。然而，在现实生活中，这种符合概念的、理想型的市场经济实际上是不存在的。如前所述，中国的市场经济模式是从传统的自然经济和计划经济的模式①中脱胎出来的，因而它在许多方面都与理想型的市场经济模式存在着距离。回想起来，无论是在自然经济模式中，还是在计划经济模式中，"行政权力"这只看得见的手可以说是无处不在、无时不在，在某种意义上，每个人从出生到死亡都处于它的笼罩之下。

事实上，在中国计划经济模式的特定语境中，不仅个人的生育是按计划进行的，甚至个人的工作、情感和思想都是按计划运作的。尤其值得注意的是，在从计划经济模式向市场经济模式转型的过程中，行政权力决定一切的巨大惯性被延续下来了，有的专家甚至干脆把中国式的市场经济模式称作"权力经济"。当然，从学理上看，这样的称谓显然是不合理的，因为人们可以说，任何一个国家实行市场经济模式，只要这个国家不处于无政府主义的状态下，它总会通过自己的行政权力，或多或少地对市场经济进行干预。换言

---

① 长期以来，人们都未从计划经济的迷信中摆脱出来。人们的错觉是，既然资本主义是以自由竞争为基础的，因此市场经济模式就很容易陷入无政府主义状态中，而正是计划经济，由于强化了计划的重要性，才可以彻底避免这种无政府主义状态的出现。其实，他们没有看到，计划经济可能会导致更严重的无政府主义状态。道理很简单，计划只有在完全切合市场供求关系时，才能以理想的方式发挥作用。然而，计划总是根据以往市场的供求关系来制订的，而未来市场则充满了偶然性，尤其是供求关系，瞬息万变，如果没有快速的信息反馈系统对计划进行必要的修正和更新，必定会造成按计划生产的商品的大量积压和人力、物力的巨大浪费。在这个意义上可以说，无政府主义状态更是计划经济难以摆脱的阴影。

之，绝对无干预的、完全处于自由状态中的市场经济永远只是一个不可企及的理想。

此外，行政权力对市场经济的干预也是需要做具体的分析的。换言之，这种干预并不完全是消极的。在某些条件下，权力也完全可能发生积极的作用。如前所述，凯恩斯主义已经令人信服地证明了这一点。在当代中国经济社会的语境中，行政权力确实也在一定程度上起着积极的作用。首先，果断地抛弃"以阶级斗争为纲"的思想路线，转向"以经济建设为中心"的思想路线的决定就是由当代中国社会最高的权力机构——中国共产党中央政治局做出的。也就是说，没有最高权力机构的决定，甚至连社会转型也是不可能的；其次，当社会转型的过程中出现任何全局性的、重大的问题——如物价涨落、资金短缺、股市疲软、金融危机、食品安全、企业转制、基础设施建设等问题时，行政权力都可以通过自己的合理的、及时的运作而化解这些难题。正如邓小平所说：

> 社会主义同资本主义比较，它的优越性就在于能做到全国一盘棋，集中力量，保证重点。[①]

当地方政府从本地区的具体情况和传统特色出发，制定出合理的、适应于市场经济模式的发展战略，并对企业的发展进行积极的扶植时，它们完全有可能运用自己的权力，使本地区的面貌发生巨大的变化。在当代中国经济社会的发展

---

① 《邓小平文选》第三卷，人民出版社，1993年版，第16—17页。

中，这样的例子简直不胜枚举。比如，江苏省的华西大队就是一个经典性的例子。

当然，我们也必须清醒地意识到，行政权力实际上是一把双刃剑，当它以错误的方式被运用时，也会给市场经济带来灾难性的影响。谁都明白，权力本身不过是一个抽象概念，它是通过政府各级官员的媒介而发生作用的，而各级官员既是政府聘用的"公仆"，同时又是拥有个人利益、欲望和家庭的"私人"。当官员们完全以公仆的方式，即理想型的方式发挥作用时，他们在市场经济中的作用是积极的；但当他们以私人的方式，在他们所分管的工作中发挥作用时，他们在市场经济中的作用则是消极的。

就其消极作用来说，最普遍，也是最令人担忧的活动是权力寻租活动。由于各级官员都程度不同地拥有主宰某些资源分配的权力，而当这些资源以通常的方式被分配时，他们是无法从中渔利的。因此，相当一部分官员都在寻找那些既需要这些资源而又能给他们带来利益的投资人或资本家。反过来说，希望获得这些资源而又千方百计试图降低自己成本的投资人或资本家，也在寻找这些拥有资源分配权力而又贪图私人利益的官员。这种权力和资本之间的"恋爱"几乎可以说是"一见钟情"，因为双方都处于"心有灵犀一点通"的状态之中。显而易见，这种权力和资本之间的恋爱或权钱交易，不仅使国有资产大量流失，其中一部分则转化为私人资产，而且也使大批官员腐化堕落，不但造成了社会的两极分化，也给执政党的信誉造成了灾难性的影响。正如我们在前面已经指出过的那样，除了权钱交易以外，还存在着权权交易，即某些拥有不同资源分配权的官员，通过互利的

方式，蚕食甚至瓜分国有资产，以中饱私囊。

> 这种权力和资本之间的权钱交易给执政党的信誉造成了灾难性的影响。

假如我们追随马克思的思路，对资本进行深入的剖析的话，立即就会发现，其实资本自身也是一种权力。在《1844年经济学哲学手稿》中，马克思早已指出：

> 资本是对劳动及其产品的支配权。资本家拥有这种权力并不是由于他的个人的或人的特性，而只是由于他是资本的所有者。他的权力就是他的资本的那种不可抗拒的购买的权力。[①]

在这段话中，马克思暗示我们，资本家之所以拥有对劳

---

① 《马克思恩格斯全集》第42卷，人民出版社，1979年版，第62页。K. Marx: *Parischer Manuskripte*, Westbelin: das Europaeische Buch Verlag 1987, S. 30.

动及其产品的支配权，这与他生理上或心理上的特征并没有什么关系，有关系的只有一点，即他是资本的所有者。也就是说，实际上拥有权力的真正主体是资本，而资本家不过是这种权力的一个象征或一个符号。在《1857—1858年经济学手稿》中，马克思以更明确的口吻指出：

> 资本是资产阶级社会的支配一切的经济权力。①

显然，在马克思看来，资本行使权力的真正起始点是生产劳动。因为只有在生产劳动的过程中，资本才能通过对活劳动的吸吮、对工人的剩余劳动和他们所创造的剩余价值的攫取而使自己不断地增殖和膨胀。正是在这个意义上，马克思强调，技术上的发明、分工的合理化、交通工具的改善和世界市场的开辟等等，都不会使工人致富，而只会使资本致富，也就是只会使支配劳动的权力更加增大，只会使资本的生产力增长。因为资本是工人的对立面，所以文明的进步只会增大支配劳动的客观权力。②

也就是说，资本越是在积累的过程中得到扩大，它所拥有的"客观权力"也就越大，而且这种权力甚至不再单纯是经济权力，它侵蚀并渗透到现代社会的一切领域之中，它

---

① 《马克思恩格斯全集》第46卷（上），人民出版社，1979年版，第268页。K. Marx: *Grundrisse der Kritik der Politischen Oekonomie*, Berlin: Dietz Verlag 1974, S. 27.

② 《马克思恩格斯全集》第46卷（上），人民出版社，1979年版，第268页。K. Marx: *Grundrisse der Kritik der Politischen Oekonomie*, Berlin: Dietz Verlag 1974, S. 215.

也不再单纯是地区性的权力,而是成了世界性的权力。历史和实践都已证明,资本已经按照自己的意向,运用自己所拥有的巨大的权力资源,为自己塑造出一个崭新的世界。

如上所述,既然行政权力是一把双刃剑,那么有没有办法扩大它的积极因素而遏制它的消极因素呢?邓小平主张采用政治体制改革的方式来解决权力运用中存在的问题。在《关于政治体制改革问题》的谈话中,他明确指出:

> 我想政治体制改革的目的是调动群众的积极性,提高效率,克服官僚主义。改革的内容,首先是党政要分开,解决党如何关于领导的问题。这是关键,要放在第一位。第二个内容是权力要下放,解决中央和地方的关系,同时地方各级也都有一个权力下放的问题。第三个内容是精简机构,这和权力下放有关。①

邓小平这里提到的政治体制改革的三条措施,对于遏制权力寻租来说,是有一定的积极意义的,但实际上,只要还未形成高效的权力监管体制,权力寻租的现象仍然会继续发生,并对我国"社会主义市场经济"的运行模式产生严重的危害。著名经济学家吴敬琏甚至把这个问题的重要性提到了前所未有的高度上。他表示:

> 两种可能的前途严峻地摆在前面:一条是沿着

---

① 《邓小平选集》第三卷,人民出版社,1993年版,第177页。

完善市场经济的改革道路前行，限制行政权力，走向法治的市场经济；另一条是沿着强化政府作用的国家资本主义的道路前行，走向权贵资本主义的穷途。这样，中国的经济就成为一场两种趋势谁跑得更快的竞赛。①

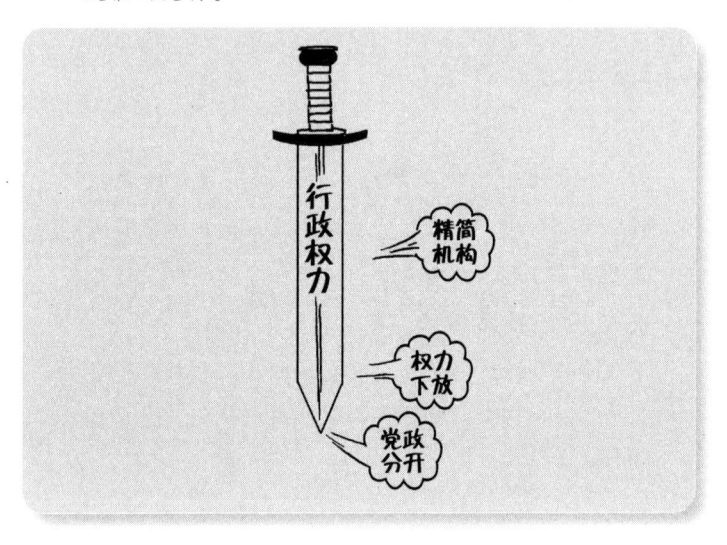

在吴敬琏看来，这两条道路、两种趋势之间的根本分歧在于，究竟是让市场经济在资源配置中起决定性的作用，还是让政府的行政权力在资源配置中继续占主导地位？尽管国有经济在资源配置中并不占优势，但相当一部分国有企业仍然保持着政府赋予它们的垄断权力。此外，吴敬琏还强调：

现代市场经济不可或缺的法治基础尚未真正建

---

① 吴敬琏：《正本清源，重聚改革共识》，《社会科学报》，2013年9月26日第3版。

立，各级政府官员享有过大的自由裁量权，他们通过直接审批投资项目、对市场准入广泛设立行政许可、对价格进行管制等手段，直接对企业和个人的微观经济活动进行频繁的干预。[①]

显而易见，对于那些刻意谋求私人利益的官员来说，这类干预同时也就是其寻租活动。吴敬琏认为，目前社会上存在的种种丑恶现象，从根本上看，乃是行政权力变本加厉地压制民间经济活动，造成了广泛的寻租活动的基础的结果。因此，只有政治体制改革（其核心是限制行政权力对市场经济的消极干预）才能为市场经济模式的健康发展提供扎实的基础。

---

① 吴敬琏：《正本清源，重聚改革共识》，《社会科学报》，2013年9月26日第3版。

第四章

公正、效率与持续

党的十八届三中全会决定指出:"要紧紧围绕使市场在资源配置中起决定性作用深化经济体制改革,坚持和完善基本经济制度,加快完善现代市场体系、宏观调控体系、开放型经济体系,加快转变经济发展方式,加快建设创新型国家,推动经济更有效率、更加公平、更可持续发展。"

第四章 公正、效率与持续

"平等"(equality)、"正义"(justice)、"公平"(fairness)和"公正"(justice as fairness)是政治哲学家们在解读人类社会和国家时不得不频繁地加以使用的概念。比如,早在柏拉图的《理想国》中,正义就成了探讨国家问题的核心概念。尽管人们赋予这些概念以不同的含义,但实际上,这些概念之间存在的差异要比他们设想的更小。

我们认为,平等与公平的含义相近,主要涉及人与人之间的社会关系,而正义的原初含义是:一个人通过分配得到的东西应该与他付出的劳动相当。这一原初含义似乎直接涉及到个人的付出与他的收益之间的合理关系,假如不同个人的付出与收益的情况是有差别的,甚至差别非常之大,它同样反映出人与人之间的社会关系的真实状态。至于公正这个概念,就其严格的理论含义来说,是由美国政治哲学家罗尔斯加以确定的。如果把"公正"这个词加以展开的话,它就成了"作为公平的正义"。也就是说,它兼具正义、平等或公平的含义于自身之内。罗尔斯告诉我们,他所说的作为公平的正义,即公正是由以下两个原则构成的:

> 处于原初状态中的人们必定会理智地选择以下两个不同的原则:第一个原则要求在基本权利和责任分配上的平等;而第二个原则主张,社会和经济上的不平等,比如财富和权力的不平等,只有在对每个人,尤其是对那些受益最少的社会成员带来补

偿利益时，才是许可的。①

按照罗尔斯的上述观点，公正首先意味着人们"在基本权利和责任分配上的平等"，这是第一条原则，它肯定的是权利和责任分配上的优先性以及人们之间的平等地位；第二条原则是差异性原则，它强调的是：当政府必须制订某些不利于人们利益的社会政策时，作为弱势群体的社会成员所受的损失应该是最小的；或者当政府必须制订某些有利于人们利益的社会政策时，作为弱势群体的社会成员所得的补偿利益应该是最多的。

在弄明白公正乃是当代社会首要的政治伦理价值的前提下，我们再来考察"效率"（efficiency）这个概念。在通常

---

① John Rawls：*A Theory of Justice*，Cambridge：Harvard University Press，1971，pp.14-15.

的情况下，人们把效率理解为在单位时间内产生的实际效果。实际效果越好，效率也就越高。假如 A 操纵一台挖土机挖土，B 使用一把铁锹挖土，那么在确定的时间范围内，A 的工作效率将远远地大于 B。只要人们理性地去看待一个社会，他们总会希望，这个社会的发展是高效率的。实际上，人们普遍重视的 GDP 数据就是反映一个国家在发展中的效率的。不能说效率是不重要的，然而，当效率的提升与对公正的守护发生冲突时怎么办？我们认为，应该首先维护当今社会政治伦理的首要价值——公正，在使这一价值不受损害的情况下，尽可能提高效率，促使经济社会快速向前发展。

只有在正确处理公正与效率关系的基础上，当代经济社会繁荣之"持续"（sustainment）才不仅是可能的，而且是现实的。事实上，只要从生态学（ecology）的视角出发去观察问题，人们很容易发现，不仅地球上的资源是有限的，而且人类生产的发展也是有限的。这样一来，在讨论发展问题时，不但出现了"可持续发展"（sustainable development）的新观念，而且也提出了"代际公正"（justice as fairness of intergenerations）的问题，即不仅应该在同一世代的人们之间维护公正，也应该在不同世代的人们之间维护公正。当然，当代人在推动经济社会向前发展时，必须预先考虑以后多少个世代的人的利益，无论从学理上看，还是从法理上看，都没有明确的规定。在这个意义上，所谓"长远利益"仍然是一个含混的概念。但不管如何，"持续"这个概念已经成了当代发展理论的一个不可或缺的方面，自然也就成了科学发展观的一个不可或缺的组成部分了。

一、公正维系人心

公正既是当代社会首要的政治伦理价值，又是维系人心的镇国之宝。我们认为，对于当代中国社会来说，守护公正、践履公正，需要以下两个方面的积极性：

其一，政府的积极性。这种积极性主要表现在以下三个方面：一是采取各种措施，遏制各级政府及官员的种种特权，增加权力行使的公开性、透明性。每年公布国家机关和各级政府"三公经费"的开支情况；充分发挥纪委和反贪局的作用，发动群众，揭发各种贪腐（包括某些官员亲属吃空饷）的现象；反对利用公款大吃大喝、出国旅游；取消某些官员手中持有的高档会所的会员卡；打击种种权钱交易、权权交易的现象等。二是制定《物权法》、《行政诉讼法》等法律，既使每个公民的基本权利得到维护，又使行政权力的运作必须严格地切合法律的精神和条文。当然，更重要的是，要逐步确立"在法律面前人人平等"的理念。事实上，没有这一条，公正就会流于空谈。三是建立合理的分配制度，江泽民指出：

> 理顺分配关系，事关广大群众的切身利益和积

极性的发挥。调整和规范国家、企业和个人的分配关系。确立劳动、资本、技术和管理等生产要素按贡献参与分配的原则,完善按劳分配为主体、多种分配方式并存的分配制度。[①]

在这里,江泽民谈到了分配制度中的双重关系:一是国家、企业和个人;二是劳动、资本、技术和管理等要素,并表示要以按劳分配作为分配的总原则。从理论上看,这无疑是合理的,是切合当代中国社会的实际情形的。胡锦涛更详尽地阐述了这方面的观点:

> 合理的收入分配制度是社会公平的重要体现。要坚持和完善以按劳分配为主体、多种分配方式并存的分配制度,健全劳动、资本、技术、管理等生产要素按贡献参与分配的制度,初次分配和再分配都要处理好效率和公平的关系,再分配更加注重公平。逐步提高居民收入在国民收入分配中的比例,提高劳动报酬在初次分配中的比重。着力提高低收入者的收入,逐步提高扶贫标准和最低工资标准,建立企业职工工资正常增长机制和支付保障机制。创造条件让更多群众拥有财产性收入。保护合法收入,调节过高收入,取缔非法收入。扩大转移支付,强化税收调节,打破经营垄断,创造机会公

[①]《毛泽东 邓小平 江泽民论科学发展》,中央文献出版社,2008年版,第66页。

平,整顿分配秩序,逐步扭转收入分配差距扩大趋势。①

在这段重要的论述中,胡锦涛还注意到如何在分配和再分配中处理好公平与效率之间的关系,并把逐步提高公民个人的合法收入理解并阐释为分配制度改革的导向性原则。总之,政府确实在守护公正上做出了诸多努力,但还需要继续努力,如官员财产的公布、行政权力之间的有效制衡、对司法腐败现象的严厉惩处等。

其二,全社会成员的积极性。如前所述,由于中国式市场经济是从传统的自然经济和计划经济中脱胎出来的,而且是由行政权力在短时期内自上而下地推动起来的,因而不但相应的法律制度和其他社会制度没有被准备好,而且对于每

---

① 《科学发展观重要论述摘编》,中央文献出版社,2009年版,第74页。

第四章 公正、效率与持续

个社会成员来说,也缺乏相应的,即参与市场经济必须具有的法律上和道德意识上的准备。换言之,缺乏普遍的、自觉的法权人格和道德实践主体。

我们先来看看,"普遍的、自觉的法权人格"究竟指什么?简要地说来,就是全社会的极大多数成员都具有强烈的法律意识,特别是民法意识,并能够自觉地运用这种意识来约束自己的全部行为。"法权人格"是相对于"自然人"来说的。所谓"自然人",意谓人们只是凭着自己的本能、欲望和好恶行动,很少顾及法律和社会规范对自己的约束作用。黑格尔曾经在其《法哲学原理》(1821)中指出:

> 人格一般包含着权利能力,并且构成了这个概念以及抽象的,因而是形式的法的体系的基础。因此,法的命令是:"成为一个人,并尊重他人为人。"[1]

也许有人会问:黑格尔这里说的"成为一个人"究竟是什么意思呢?难道这个人以前不是人吗?黑格尔当然不是这个意思,他在德语中区分了"Mensch"(自然人,即通常意义上的人)与"Person"(自觉地用法律规范指导自己行为的人,即法权人格),他说的"成为一个人",也就是指从缺乏法律意识的 Mensch 转变为具有自觉的法律观念,尤其是民法观念的 Person。事实上,只有当极大多数社会成员

---

[1] G. W. F. Hegel: *Grundlinien der Philosophie des Rechts*, Frankfurt/Mainz: Suhrkamp Verlag, 1986, S. 95.

形成自觉的法权人格,即不但熟悉法律规范,而且处处按法律规范行动,经济活动中的交易成本才会大幅度地下降,市场经济才可能沿着健康的轨道向前发展。同样地,也只有在这样的思想文化的基础上,公正的观念才可能真正得到普遍的认同。

我们再来看看,"普遍的、自觉的道德实践主体"指什么?在当代中国经济社会中,确立这样的主体,意味着全体社会成员对启蒙以来形成起来的普遍价值的自觉认同。这些普遍价值主要表现为珍爱生命、尊重人格、维护人权、追求自由、倡导民主、提倡公平、坚持正义、保护弱势群体,等等。

总之,只有充分发挥上述两个方面的积极性,守护公正才不会流于形式和空谈。

二、效率源于统筹

在竞争日益激烈化的当代国际社会中,效率决不是一个无足轻重的概念,而是一个生命攸关的概念。显然,在维护首要价值——公正的前提下提高发展的效率至关重要。胡锦涛简要地阐明了公平和效率之间的辩证关系:

第四章 公正、效率与持续

把提高效率同促进社会公平结合起来,强调我们既高度重视通过提高效率来促进发展,又高度重视在经济发展的基础上通过实现社会公平来促进社会和谐,坚持以人为本,以解决人民最关心、最直接、最现实的利益问题为重点,着力发展社会事业,着力完善收入分配制度,保障和改善民生,走共同富裕道路,努力形成全体人民各尽其能、各得其所而又和谐相处的局面。[1]

在胡锦涛看来,提高效率,关键在于做好统筹兼顾的工作。2007年,在贯彻中国共产党第十七届代表大会精神的一个研讨班上,他反复重申:

统筹兼顾是我们在中国这样一个十几亿人口的发展中大国治国理政的重要历史经验,是我们处理各方面矛盾和问题必须坚持的重大战略方针,也是我们党一贯坚持的科学有效的工作方法。[2]

那么,怎么来运用这一科学有效的工作方法呢?

首先,应该把科学技术上的最新成果的应用统筹到经济发展中去,即尽快地把这些成果转化到生产实践上去,以便大幅度提高生产效率。早在1988年,邓小平已高瞻远瞩地

---

[1]《科学发展观重要论述摘编》,中央文献出版社,2009年版,第75页。

[2]《科学发展观重要论述摘编》,中央文献出版社,2009年版,第56页。

指出：

> 我见胡萨克时谈到，马克思讲过科学技术是生产力，这是非常正确的，现在看来这样说可能不够，恐怕是第一生产力。将来农业问题的出路，最终要由生物工程来解决，要靠尖端技术，对科学技术的重要性要充分认识。[1]

如果说，我们以前曾经倡导过的"杠棒精神"、"小车精神"只能使生产效率发生量的变化，那么，把最新科学技术的成果应用到生产中去，就能使生产效率发生质的变化。在这个意义上，强调科学技术是第一生产力，也就是强调，发展经济的根本思路是提高效率。

其次，应该把创新能力的大幅度提升统筹到经济发展中去。江泽民认为，我国经济发展中最为突出的问题是结构不合理、重复建设多、经济效率低，而要提高经济运行的质量和效益，最重要的做法是提升自己的创新能力：

> 我曾经说过，创新是一个民族进步的灵魂，是一个国家兴旺发达的不竭动力。科技创新越来越成为当今社会生产力解放和发展的重要基础和标志，越来越决定着一个国家、一个民族的发展进程。如果不能创新，一个民族就难以兴盛，难以屹立于世

---

[1]《邓小平文选》第三卷，人民出版社，1993年版，第275页。

界民族之林。①

江泽民这里说的"创新"实际上是一个综合性的概念，不光包括科学技术和知识上的创新，也包括企业结构、布局、管理等诸多问题上的创新。事实上，像中国这样的后发展国家，只有通过创新能力的全面提升和效率的提高，才有可能赶上并超过其他国家。

再次，应该把搞好教育和加大人才培养的力度统筹到经济发展中去。邓小平早已清醒地意识到了这一点，他在全国教育工作会议上的讲话中指出：

> 我们国家，国力的强弱，经济发展后劲的大小，越来越取决于劳动者的素质，取决于知识分子

---

① 《毛泽东 邓小平 江泽民论科学发展》，中央文献出版社，2009年版，第97—98页。

的数量和质量。一个十亿人口的大国,教育搞上去了,人才资源的巨大优势是任何国家比不了的。[①]

正是基于这方面的考虑,中国政府提出了"科教兴国"的战略,并始终把教育作为一个长远的战略性的任务来抓。

最后,应该从总体上统筹各方面的关系,以确保整个经济社会快速有效地发展。胡锦涛在中国共产党第十七次代表大会上强调:

> 必须坚持统筹兼顾。要正确认识和妥善处理中国特色社会主义事业中的重大关系,统筹城乡发展、区域发展、经济社会发展、人与自然和谐发展、国内发展和对外开放,统筹中央和地方的关系,统筹个人利益和集体利益、局部利益和整体利益、当前利益和长远利益,充分调动各方面积极性。统筹国内国际两个大局,树立世界眼光,加强战略思维,善于从国际形势变化中把握发展机遇、应对风险挑战,营造良好国际环境。既要总揽全局、统筹规划,又要抓住牵动全局的主要工作、事关群众利益的突出问题,着力推进、重点突破。[②]

显然,胡锦涛把各方面的统筹关系都考虑进去了。实际上,整个中国经济社会的发展就好比弹钢琴,只有把握了全

[①]《邓小平文选》第三卷,人民出版社,1993年版,第120页。
[②]《科学发展观重要论述摘编》,中央文献出版社,2009年版,第54页。

局，又照顾到重点，才能把钢琴弹得有声有色。

总之，效率的提高不再像以往那样，源于拼实力、大量消耗资源或搞人海战术，而是源于科学的精神和智慧，尤其是源于统筹兼顾这一战略性的方法。事实上，这正是科学发展观所倡导的核心的理念之一。

三、持续不是神话

众所周知，20世纪70年代，罗马俱乐部发表了一系列关于人类发展情况的报告，在国际社会掀起了轩然大波，越来越多的有识之士认识到，发展是否具有可持续性的问题，已经作为一个无法回避的问题，摆放到世界各国的面前。江泽民对这一点也有深刻的认识。他指出：

> 实现可持续发展，越来越成为各国推进经济社会发展的战略选择。我国有十二亿多人口，资源相对不足，在发展中面临的人口、资源、环境压力越来越大。我们绝不能走人口增长失控、过度消耗资源、破坏生态环境的发展道路，这样的发展不仅不能持久，而且最终会给我们带来很多难以解决的难题。我们既要保持经济持续快速健康发展的良好势头，又要抓紧解决人口、资源、环境工作面临的突出问题，着眼于未来，确保实现可持续发展的目标。[1]

显然，在江泽民看来，实现可持续发展的核心问题是处理好经济社会的发展与人口、资源和环境的协调问题，为了中华民族的子孙后代始终拥有良好的生存和发展的条件，必须高度重视并切实解决经济增长方式的转变问题，努力开创生产发展、生活富裕、生态良好的文明发展道路。胡锦涛也深感实施可持续发展战略的重要性和紧迫性，他告诫我们：

> 可持续发展战略事关中华民族的长远发展，事

---

[1]《毛泽东 邓小平 江泽民论科学发展》，中央文献出版社，2009年版，第119页。

关子孙后代的福祉，具有全局性、根本性、长期性。①

有鉴于此，他强调，各地区在推进发展的过程中，必须充分考虑资源和环境的承受力，统筹考虑当前发展和未来发展的需要，既重视经济增长指标，又重视资源环境指标；既积极实现当前发展的目标，又为未来发展创造有利条件。在中国共产党第十八次全国代表大会的报告中，胡锦涛又提出了可持续发展的以下四条具体措施——优化国土空间开发格局、全面促进资源节约、加大自然生态系统和环境保护力度、加强生态文明制度建设，并强调：

坚持节约资源和保护环境的基本国策，坚持节

---

① 《科学发展观重要论述摘编》，中央文献出版社，2009年版，第39页。

约优先、保护优先、自然恢复为主的方针，着力推进绿色发展、循环发展、低碳发展，形成节约资源和保护环境的空间格局、产业结构、生产方式、生活方式，从源头上扭转生态环境恶化的趋势，为人民创造良好生产生活环境，为全球生态安全作出贡献。[1]

总之，我们应该认真汲取并总结西方国家追求现代化进程中留下的经验教训，从中国的具体国情出发，积极协调好人口、资源、环境和发展之间的错综复杂的关系。这样一来，可持续发展就不会变成神话，而会成为中国经济社会发展的现实。中华民族一直以其悠久而辉煌的文化传统著称于世，我们相信，它也会有足够的智慧造福子孙后代，并为他们未来的生存和发展创造良好的条件。

---

[1] 胡锦涛：《坚定不移沿着中国特色社会主义道路前进，为全面建成小康社会而奋斗》，人民出版社，2012年版，第39页。

第五章

自然、个人与社会

党的十八大报告指出:"必须树立尊重自然、顺应自然、保护自然的生态文明观念,把生态文明建设放在突出地位,融入经济建设、政治建设、文化建设、社会建设各方面和全过程,努力建设美丽中国,实现中华民族永续发展。"

第五章 自然、个人与社会

在传统的思维方式中,自然(nature)、个人(individual)和社会(society)常常处于分离的状态下。比如,人们在强调发展经济时,往往会对自然进行过度的开发,从而导致人与自然之间的和谐状态的破坏;又如,人们在对社会现状进行改造时,往往会忽略对个人的全面发展的关注;再如,人们在与自然打交道时,往往不会注意到,自然本身就是社会的一个有机的组成部分。事实上,不从社会的角度着眼去考察自然,是无法有效地认识自然并改变自然的。早在《1844年经济学哲学手稿》中,马克思已明确地表明:

> 只有在社会中,人的自然的存在对他来说才是人的合乎人性的存在,并且自然界对他来说才成为人。因此,社会是人同自然界的完成了的本质的统一,是自然界的真正复活,是人的实现了的自然主义和自然界的实现了的人道主义。[①]

在马克思看来,社会就是人同自然界的完成了的本质的统一。也就是说,自然、个人与社会本来就是不可分割地关联在一起的。任何试图把这三者分离开来的考察方式都注定

---

① 《马克思恩格斯文集》第1卷,人民出版社,2009年版,第187页。

是错误的。①科学发展观继承了马克思的上述主张。它强调人与自然的和谐关系,正如胡锦涛所指出的:

> 要牢固树立人与自然相和谐的观念。自然界是包括人类在内的一切生物的摇篮,是人类赖以生存和发展的基本条件。保护自然就是保护人类,建设自然就是造福人类。要倍加爱护和保护自然,尊重自然规律。对自然界不能只讲索取不讲投入、只讲利用不讲建设。发展经济要充分考虑自然的承载能力和承受能力,坚决禁止过度性放牧、掠夺性采矿、毁灭性砍伐等掠夺自然、破坏自然的做法。要研究绿色国民经济核算方法,探索将发展过程中的资源消耗、环境损失和环境效益纳入经济发展水平的评价体系,建立和维护人与自然相对平衡的关系。②

从人对自然的征服与索取到人对自然的保护与和谐相处,无疑是思想观念上的巨大的飞跃。这也充分表明,科学

---

① 必须指出,目前流行的传统的马克思主义哲学教科书体系"辩证唯物主义和历史唯物主义"仍然热衷于把"自然"与"社会"分离开来。辩证唯物主义研究自然,历史唯物主义研究社会历史。其实,世界上既不存在与社会相分离的自然,也不存在与自然相分离的社会。自然作为"人化自然",本身就是社会的一个有机的组成部分。毋庸置疑,这种教科书体系把自然与社会分离开来,只能导致马克思哲学体系的二元化。
②《科学发展观重要论述摘编》,中央文献出版社,2009年版,第37—38页。

发展观的着眼点并不只是发展的效率,更重要的是人与自然的和谐。另一方面,它在推进中国经济社会发展时,关注的焦点不是落在 GDP 上,而是始终落在人的全面发展的问题上,正如胡锦涛所强调的:

> 坚持以人为本,就是要以实现人的全面发展为目标,从人民群众的根本利益出发谋发展、促发展,不断满足人民群众日益增长的物质文化需要,切实保障人民群众的经济、政治和文化权益,让发展的成果惠及全体人民。①

这就深刻地启示我们,决不应该把经济社会的发展与人的全面发展分离开来,甚至对立起来。归根到底,经济社会的发展应该服务于个人的全面发展。

总之,科学发展观为我们重新认识自然、个人与社会之间的关系提供了极为重要的指导思想。

---

① 《科学发展观重要论述摘编》,中央文献出版社,2009 年版,第 29 页。

一、让自然泰然处之

在日常谈话中，也许没有一个词比"自然"这个词被我们用得更为得心应手的了，但与此同时，比起我们最生疏的词来，"自然"也许是我们了解得更少的词。如果从词源上进行考察，就会发现，自然中的"自"字在甲骨文中作 ![字], 在金文中作 ![字], 在小篆中作 ![字]。许慎在《说文解字》中指出："自，鼻也，象鼻形。"而自然中的"然"字则同"燃"，甲骨文中无此字，金文中作 ![字], 小篆中作 ![字]。《说文解字》云："然，烧也。"从字形上看，古代的"然"就是把浸在水中的狗（犬）肉放在火上煮。然而，人们并没有沿着这样的思路去探索"然"字的含义，更没有借此而揭示出"然"与"自"之间的内在关系。

在这里，需要继续追问的是，为什么人们要把"自"和"然"结合起来，组成复合词"自然"呢？下面这个解释可以说是唯一合理的解释，即狗肉在被煮时产生了香味，而这种香味又很快地被周围人的鼻子闻到了。这样一来，初看起来似乎完全是风马牛不相及的"然"与"自"之间的内在关系就被建立起来了。也就是说，"自然"这个词的原

第五章　自然、个人与社会

初含义是：被煮的狗肉的香味进入了周围人的鼻子。由于狗肉在被煮时必定会产生香味，而香味又必定会进入周围人的鼻子之中，因而自然概念的第一个引申含义是"本性"（nature），因为本性总是以自然而然的方式发生作用的；第二个引申含义则是自然界（nature），因为任何人出生后都会发现，自然界已经摆放在自己的周围了。

从上述词源分析中就可以看出，自然与人的活动是不可分离地关联在一起的。也正是在这个意义上，马克思写道：

> 被抽象地孤立地理解的、被固定为与人分离的自然界，对人说来也是无。[1]

也就是说，任何试图撇开人的活动而考察所谓"自然自身运动"的做法都是无稽之谈，因为与人的活动相分离的自然只是一个幻影，实际上并不存在。有人也许会反驳我们：科学不是已经证明，在人类诞生以前地球（自然）已经存在了 45 亿年了吗？这岂不表明，地球可以脱离人类而存在吗？我们的回应是：人类是通过自己的科学实验活动，即对同位素衰变的测定，推算出地球先于人类而存在的时间的。也就是说，这个推算的结论也是以人类的存在及其科学实验活动为基础的。事实上，撇开人类及人类发明的语言，甚至连"自然"、"地球"这样的概念也不会有，又如何去命名、探讨任何一个对象呢？

---

[1]《马克思恩格斯全集》第 42 卷，人民出版社，1979 年版，第 178 页。

当然，人的活动与自然的不可分离性不仅在于人本身就是自然的一部分，而且人只有取用于自然，才能生存并繁衍下去。正如马克思所指出的：

> 我们首先应当确定一切人类生存的第一个前提，也就是一切历史的第一个前提，这个前提是：人们为了能够"创造历史"，必须能够生活。但是为了生活，首先就需要吃喝住穿以及其他一些东西。因此第一个历史活动就是生产满足这些需要的资料，即生产物质生活本身。[①]

我们知道，人类不同于其他动物的地方在于，人类不仅是自然的一部分，而且它也力图从自然中摆脱出来，抬起自己高贵的头颅。德国哲学家黑格尔曾经在其《美学史讲演录》中对希腊神话中的司芬克斯的形象做出了别开生面的解释。在他看来，人首狮身的司芬克斯本来就是一个象征。它表明，人类不愿意与其他动物同流合污，而试图从自然界中抬起自己高贵的头颅。事实上，随着人的直立行走和生产劳动的开展，随着语言的诞生和思维的发展，人类不仅成了其他动物的统治者，也成了整个自然界的统治者。

人对自然的统治主要是通过工业的媒介得以实现的，而资本又为工业的扩展提供了强大的内驱力。随着工业的发展和大量科学技术成果的应用，人类的生活得到了明显的改善，然而，有识之士们很快就发现，人类对自然的过度索取

[①]《马克思恩格斯文集》第1卷，人民出版社，2009年版，第531页。

已经造成了对自然环境的严重破坏，而这样的破坏同时也是对人类自身生存条件的毁坏。当天空布满阴霾、空气不再清新、河流改变颜色、自然灾难频频光顾时，人类自身的生存和发展也受到了严重的威胁。事实上，人类对自然的过度开发和利用引起了自然的强烈的报复，自然通过灾难频仍的方式向人类显示出自己的尊严和不可侵犯性。

> 归根到底，人对自然的保护也是对自己的保护。

痛定思痛，人们关于自然的观念开始孕育一个根本性的改变，即自然不再是人类试图加以征服的对象、不再是人类单纯加以索取的对象，它应该成为人类的伴侣，而人类也应该与它和谐相处。

总之，人类应该清醒地意识到：一方面，为了自己的生存，人类不得不继续向自然进行索取；另一方面，这种索取绝对不应过度，应该考虑自然本身的承受力及再生的能力，并采取切实的措施，对自然环境进行保护。其实，对于人类来说，更重要的是，不应该把自然视为随时可以加以利用的对象,甚至以违背自然规律的方式,把自己的暴力强加到自然的身上,而应该把自然尊为目的,就像德国哲学家海德格尔所说的,让自然泰然处之。归根到底,人对自然的保护也是对自己的保护。

二、使个人全面发展

当人们在马克思的语境中探讨问题时,应该把泛泛而论的"人"(Mensch)转换成含义明确的"个人"(Individual)。在马克思那里,"人"可以泛指任何时代的人,而"个人"却只能指涉自18世纪以来在市民社会中形成起来的、其基本权利受到现代民法保护的人。在《1857—1858年经济学手稿》中,马克思曾经明确地指出:

> 我们越往前追溯历史,个人,从而也是进行生产的个人,就越表现为不独立,从属于一个较大的整体……只有到18世纪,在"市民社会"中,社会联系的各种形式,对个人说来,才只是表现为达

第五章 自然、个人与社会

到他私人目的的手段,才表现为外在的必然性。[1]

显然,在马克思看来,真正独立的个人在远古时代是不可能存在的,它乃是现代社会和启蒙运动的产物,而受市民社会和现代民法保护的个人的形成或许可以以孟德斯鸠的《论法的精神》(1748)的问世作为标志。在《精神现象学》(1807)中,黑格尔则习惯于把这样的个人诞生以前的状态称作"原始伦理团体",而把个人诞生后的状态称作"法权状态"。当然,德国社会学家滕尼斯则倾向于把由熟人组成的、受原始伦理精神支配的状态称作"共同体",而把由陌生人构成的、受现代民法精神支配的称作"社会"。不管如何,我们必须记住,"个人"与"人"是两个不同的概念。

正是基于这一重要的差别,马克思从来不谈"人的全面发展",而只谈"个人全面发展"。在《1857—1858年经济学手稿》中,当马克思叙述其"三大社会形态"理论时,明确指出:

> 人的依赖关系(起初完全是自然发生的),是最初的社会形态,在这种形态下,人的生产能力只是在狭窄的范围内和孤立的地点上发展着。以物的依赖性为基础的人的独立性,是第二大形态,在这种形态下,才形成普遍的社会物质变换,全面的关系,多方面的需求以及全面的能力的体系。建立在

---

[1]《马克思恩格斯全集》第46卷(上),人民出版社,1979年版,第21页。Karl Marx: *Grundrisse der Kritik der Politischen Oekonomie*, Berlin: Dietz Verlag, 1974, S. 6.

个人全面发展（die universelle Entwicklung der Individuen）和他们共同的社会生产能力成为他们的社会财富这一基础上的自由个性（freie Individualitaet），是第三个阶段。第二个阶段为第三个阶段创造条件。[①]

值得注意的是，马克思这里谈的是"个人自由发展"和"个性自由"，而这两个短语都只与"个人"或"个性"相关，而与泛泛谈论的"人"无关。这就深刻地启示我们，马克思所谈的个人或个性都是受过18世纪启蒙运动的熏陶，而又受市民社会的保护的，而马克思的全面发展的理论正是以这样的个人为载体的。

然而，在当代中国社会中，马克思关于"个人全面发展"的观念之所以被不知不觉地转换为"人的全面发展"的观念，因为在从传统的自然经济和计划经济中脱胎出来的当代中国经济社会中，个人，尤其是普通个人，还没有成为马克思意义上的真正的个人，他只是作为一个片断、一种要素被归入到"人民群众"这个抽象的集合名词中。因此，对于当代中国经济社会来说，其首要的任务是通过经济社会的发展，逐步完善市民社会，确立现代民法，形成普遍的、自觉的法权人格和道德实践主体。只有真正的个人诞生之后，才谈得上这样的个人的全面发展。

假如人们对马克思所说的"个人全面发展"的观念做

[①]《马克思恩格斯全集》第46卷（上），人民出版社，1979年版，第104页。Karl Marx: *Grundrisse der Kritik der Politischen Oekonomie*, Berlin: Dietz Verlag, 1974, S. 75.

深入考察的话，还会继续追问：究竟个人的什么东西需要全面发展？马克思对这个问题的解答是十分明晰的：

> 全面发展的个人——他们的社会关系作为他们自己的共同的关系，也是服从于他们自己的共同的控制的——不是自然的产物，而是历史的产物。要使这种个性成为可能，能力（Vermoegen）的发展就要达到一定的程度和全面性，这正是以建立在交换价值基础上的生产为前提的，这种生产才在产生出个人同自己和同别人的普遍异化的同时，也产生出个人关系和个人能力（Faehigkeiten）的普遍性和全面性。[1]

在这段重要的论述中，无论是 Vermoegen，还是 Faehigkeiten，指涉的都是个人的能力。也就是说，马克思所说的"个人全面发展"实际上是指个人能力的全面发展。然而，我们发现，在当代社会中，个人能力的全面发展是很难做到的，正如歌德早已指出的：

> 有人说得很对，人的才能最好是得到全面发展，不过这不是人生来就可以办到的。每个人都要把自己培养成某一种人，然后才设法去理解人类各

---

[1]《马克思恩格斯全集》第46卷（上），人民出版社，1979年版，第108页。Karl Marx: *Grundrisse der Kritik der Politischen Oekonomie*, Berlin: Dietz Verlag, 1974, S. 79-80.

种才能的总和。[①]

显然,在歌德看来,个人的能力不但不可能得到全面的发展,反而应该自觉地把它限制在片面发展的状态中。这里所说的"片面发展"是指个人应该努力发展自己最有把握获得成功的能力。事实上,歌德经常告诫他的秘书爱克曼,要他集中精力做好某一方面的学问,以至于爱克曼总结道:

> 从我和歌德接近以来,他一直要我提防一切分心的事,经常力求把精力集中在一门专业上。如果我表现出一点研究自然科学的兴趣,他总是劝我莫管那些闲事,目前且专心致志地在诗方面下功夫。如果我想读一部对我的专业没有帮助的书,他也总是劝我不要读,说它对我毫无实用。[②]

这段话不但体现出歌德在治学上对爱克曼的严格要求,也表明歌德主张个人的能力应该片面地发展,即发展自己最有把握获得成功的那些能力。有趣的是,黑格尔也十分认同歌德的上述见解:

> 一个志在有大成就的人,他必须,如歌德所说,知道限制自己。反之那些什么事都想做的人,

---

① 爱克曼辑录:《歌德谈话录》,人民文学出版社,1982年版,第78页。
② 爱克曼辑录:《歌德谈话录》,人民文学出版社,1982年版,第80页。

其实什么事都不能做,而终归于失败。世界上有趣味的东西异常之多:西班牙诗、化学、政治、音乐都很有趣味,如果有人对这些东西充满兴趣,我们决不能说他不对。但一个人在特定的环境内,如欲有所成就,他必须专注于一事,而不可分散他的精力于多方面。①

> "个人素质的全面发展"主要指这个人既有科学精神,又具有人文情怀。

如上所述,既然个人能力的全面发展只是理想状态中才会发生的事情,而在现实生活中,明智的个人只能片面地发展自己,那么在个人身上究竟还有什么东西是可以全面发展的呢?我们认为,可以全面地加以发展的应该是个人的"素质"(Qualitaet)。这里所说的"个人素质的全面发展"主要指这个人既具有科学精神(如尊重事实、尊重客观规律、为真理而献身等等),又具有人文情怀(如珍惜生命、维护人

---

① 黑格尔:《小逻辑》,商务印书馆,1980年版,第174页。

权、尊重他人、崇尚自由、推重民主、提倡公正,等等)。

总之,如果人们站在现实生活的基础上来探讨个人的全面发展,那么我们认为,应该把个人的全面发展理解为素质上的全面发展,而不是能力上的全面发展。

三、给社会设定目标

凡参观过伦敦梅格特公墓的人都知道,在马克思的墓碑上镌刻着他在《关于费尔巴哈的提纲》中留下的那句名言:

哲学家们只是用不同的方式解释世界,问题在于改变世界。①

确实,在这句话中,马克思强调了实践,即"改变世界"的重要性,然而,千万不要误解马克思的这句名言,以为马克思认定"解释世界"是不重要的。假如人们生活在世界 A 中,大家都对它表示不满,希望对它进行改变。然而,怎么进行改变呢?朝着哪个方向去改变?人们必须先设想出一个目标——世界 B,而世界 B 一定是优于世界 A

---

① 《马克思恩格斯选集》第一卷,人民出版社,1995 年版,第 57 页。

的。事实上，如果没有人对世界B的优越性进行解释，并使人们的大脑普遍地接受这种解释，他们是不可能朝着世界B的方向去改变世界A的。由此可见，"解释世界"的重要性一点也不逊于"改变世界"，而在解释世界的过程中，替世界或社会设想未来发展的目标就显得尤为重要。

凡熟悉中国现代历史的人都知道，早在新民主主义革命时期，毛泽东就为中国社会的未来发展描绘出新的蓝图。在《新民主主义论》中，他满怀豪情地写道：

> 我们共产党人，多年以来，不但为中国的政治革命和经济革命而奋斗，而且为中国的文化革命而奋斗；一切这些的目标，在于建设一个中华民族的新社会和新国家。在这个新社会和新国家中，不但有新政治、新经济，而且有新文化。这就是说，我们不但要把一个政治上受压迫、经济上受剥削的中国变成一个政治上自由和经济上繁荣的中国，而且要把一个被旧文化统治因而愚昧落后的中国，变为一个被新文化统治因而文明先进的中国。一句话，我们要建立一个新中国。①

毛泽东描绘的关于未来"新中国"的蓝图成了无数革命志士浴血奋斗的目标。然而，新中国成立以后，由于毛泽东对国际国内阶级斗争形势估计的严重扩大化，他过去设想的宏伟蓝图没有得到充分的实现。毛泽东逝世后，邓小平认

---

① 《毛泽东选集》第二卷，人民出版社，1991年版，第663页。

真地总结了毛泽东晚年在思想政治路线上的失误,强调贫穷决不是社会主义,社会主义的根本任务就是大力发展生产力,改变人民群众贫穷落后的物质文化生活状态,走共同富裕的道路。作为中国改革开放的总设计师,邓小平在1987年会见匈牙利社会主义工人党总书记卡达尔时,已经明确地提出了自己对中国社会未来发展目标的完整的设想:

> 我们的第一个目标是解决温饱的问题,这个目标已经达到了。第二个目标是在本世纪末达到小康水平。第三个目标是在下个世纪的五十年内达到中等发达国家水平。我们现在真正要做的就是通过改革加快发展生产力,坚持社会主义道路,用我们的实践来证明社会主义的优越性。要用两代人、三代人,甚至四代人来实现这个目标。到那个时候,我们就可以真正用事实理直气壮地说社会主义比资本主义优越了。[①]

我们发现,邓小平对中国经济社会未来发展目标的设想体现出他的思想的一贯特征,即现实主义的特征。邓小平从来不尚空谈,他认为中国社会首先要解决的是老百姓的温饱问题,而这个问题到20世纪80年代中期基本上已经解决了,当时人均收入已经达到四百美元,因此第二个目标是在20世纪末达到"小康社会"。那么,邓小平心目中的小康社会究竟以什么为标志呢?邓小平毫不犹豫地告诉我们:

[①]《邓小平文选》第三卷,人民出版社,1993年版,第256页。

> 翻两番，国民生产总值人均达到八百美元，就是本世纪末在中国建立一个小康社会。这个小康社会，叫做中国式的现代化。翻两番、小康社会、中国式的现代化，这些都是我们的新概念。[1]

邓小平还从另一个角度对小康社会的蓝图做出了解释：小康社会的建成意味着中国到 20 世纪末国民生产总值达到一万亿美元，从总量上看，中国将居于世界前列。到那时，一方面，人民的物质文化生活将会有很大的改善，精神面貌也将发生巨大的变化；另一方面，中国的综合国力也会有明显的提升。

按照邓小平的设想，中国社会在 20 世纪末似乎已经达到了预期的小康社会的目标，但实际上，邓小平以后的中国共产党的领导人又对小康社会的含义做出了新的阐释。2002 年，江泽民在《全面开创小康社会，开创中国特色社会主义事业新局面》一文中表示：

> 必须看到，我国正处于并将长期处于社会主义初级阶段，现在达到的小康还是低水平的、不全面的、发展很不平衡的小康，人民日益增长的物质文化需要同落后的社会生产之间的矛盾仍然是我国社会的主要矛盾。我国生产力和科技、教育还比较落后，实现工业化和现代化还有很长的路要走；城乡

---

[1]《邓小平文选》第三卷，人民出版社，1993 年版，第 54 页。

二元经济结构还没有改变,地区差异扩大的优势尚未扭转,贫困人口还为数不少;人口总量继续增加,老龄人口比重上升,就业和社会保障压力增大;生态环境、自然资源和经济社会发展的矛盾日益突出;我们仍然面临发达国家在经济科技等方面占优势的压力;体制和其他方面的管理体制还不完善;民主法制建设和思想道德建设等方面还存在一些不容忽视的问题。巩固和提高目前达到的小康水平,还需要进行长时期的艰苦奋斗。[①]

在江泽民看来,尽管邓小平原来设想的小康社会已经达到了,然而,"现在达到的小康还是低水平的、不全面的、发展很不平衡的小康",因而江泽民又设计出"全面建设小康社会的目标",主要包含以下四条标准:一是在优化结构和提高效率的基础上,国内生产总值到2020年力争比2000年翻两番,综合国力和国际竞争力明显增强;二是社会主义民主更加完善,社会主义法制更加完备,依法治国基本方略得到全面落实,人民的政治、经济和文化权益得到切实尊重和保障;三是全民族的思想道德素质、科学文化素质和健康素质明显提高,形成比较完善的现代国民教育体系、科技和文化创新体系、全民健身和医疗卫生体系;四是可持续发展能力不断增强,生态环境得到改善,资源利用效率显著提高,促进人与自然的和谐,推动整个社会走上生产发展、生

---

① 《毛泽东 邓小平 江泽民论科学发展》,中央文献出版社,2009年版,第125页。

活富裕、生态良好的文明发展道路。[①]

在江泽民之后,胡锦涛又根据实际情况,对"全面建成小康社会"的目标进行了修正。在中国共产党第十八次全国代表大会上,胡锦涛做了题为《坚定不移沿着中国特色社会主义道路前进,为全面建成小康社会而奋斗》的报告。正是在这个重要的报告中,胡锦涛重申了全面建成小康社会的目标,并确定了以下五条标准:一是经济持续健康发展,二是人民民主不断扩大,三是文化软实力显著增强,四是人民生活水平全面提高,五是资源节约型、环境友好型社会建设取得重大进展。[②]显而易见,与江泽民制定的标准比较起来,胡锦涛又增加了文化软实力和生态文明方面的标准,从而使小康社会的蓝图在内容上更加充实了、在目标上更加明确了。

我们确信,中国共产党和中国人民在未来小康社会发展蓝图的召唤下,在科学发展观这一伟大战略方针的指引下,扭住经济建设这个中心不放,一定会创造出新的奇迹,并实现中华民族的伟大复兴。

[①]《毛泽东 邓小平 江泽民论科学发展》,中央文献出版社,2009年版,第126—127页。

[②] 胡锦涛:《坚定不移沿着中国特色社会主义道路前进,为全面建成小康社会而奋斗》,人民出版社,2012年版,第17—18页。

结　论　科学精神与人文精神的统一

如前所述，科学发展观通过对"以人为本"这一核心观念的强调，阐明了科学精神与人文精神在当代中国经济社会发展中的统一性。正如胡锦涛所指出的：

> 科学发展观，第一要义是发展，核心是以人为本，基本要求是全面协调可持续，根本方法是统筹兼顾。[1]

然而，我们发现，在当代中国思想文化界存在的一大奇观是：科学精神与人文精神的二元分离。官方的学者们主要强调的是发展科学技术，普及科学知识，发扬科学精神；而民间的学者们主要强调的则是重视人文学科，提高人文素质，弘扬人文精神。这种思想文化领域里的二元分离很有点类似于黑格尔在《精神现象学》中分析法国启蒙运动时期精神领域里存在的那种"分裂的意识"。

---

[1]《科学发展观重要论述摘编》，中央文献出版社，2009年版，第6页。

这种现象的出现表明，在急剧转型的当代中国经济社会中，社会意识还不能很好地理解并把握社会现实。事实上，当代中国经济社会不但处于由计划经济模式向市场经济模式的历史性转变中，而且作为一个后发展的国家，前现代性思潮、现代性思潮和后现代主义思潮都汇聚在一起，更增加了思想文化领域中的混乱状态和文化价值选择上的困难局面。

这两种精神之间的关系问题已有不少学者探讨过，但由于未把总体思路和基本概念清理出来，除了在细节上提供了某些有益的启示外，并不能从根本上解除人们的困惑，说得严重一点，甚至反倒把可能解除人们困惑的道路给堵塞起来了。因此，必须本着批判的识见，重新反思这个问题，并从中引申出积极的答案来。

首先，我们考察科学精神。事实上，一提到科学精神，必定会涉及到以下三个基本概念——科学技术（science and technology）、科学精神（scientific spirit）和科学主义（scietism）。让我们逐一做出分析。

什么是科学技术？显然，这里的"科学"主要指自然科学，而自然科学的根本使命则是通过观察、实验等方式去探究各种自然现象，发现隐藏在自然现象中的自然规律，以便人类能够按照这些规律去改造自然界。不用说，"科学"还是理论状态的东西，它必须通过"技术"的媒介去改造自然界。所谓"技术"，则是实践状态的东西，实际上就是科学在生产活动和其他活动中的具体应用。当然，技术一经产生，它就拥有自己的相对独立性。

在很多人的心目中，科学技术是中性的，在不同的价值观的导向下，它会呈现出不同的价值和意义。在现代化价值的导向下，人们更多看到的是科学技术的积极意义。因为科学技术能否尽快地实现现代化，直接关系到整个现代化事业的成败，特别是在当今的历史条件下，科学技术已经成为第一生产力，它在社会生活中的地位和作用显得越来越重要了。然而，与此不同的是，在西方后现代主义价值的导向下，人们更多看到的却是科学技术蕴含的消极意义。在《技术之追问》（1950）一书中，德国哲学家海德格尔认为，把技术理解为人的工具的传统观念是十分肤浅的，实际上，"现代技术"（modern technology）已经支配着人的全部生活，并日益使人沦为单纯的物件；马尔库塞在《单向度的人》（1964）一书中也提出了"技术拜物教"（technological fetishism）的新概念，强调现代技术正由解放人的力量转化为桎梏人的力量，正日益使人工具化、使理性工具理性化；而哈贝马斯则在《技术与科学作为"意识形态"》（1968）一书中进一步强调，在当代社会中，科学技术不仅是第一生产力，而且同时也是以合理性的方式支配人、统治人的意识形态。

什么是科学精神？这里的"科学"显然也主要是指自然科学，科学精神是在人们认识并改造自然界的背景下被提出来的。它主要包含以下两方面的内容：一是尊重事实，尊重客观规律；二是大胆探索，追求并坚持真理。在通常的情况下，科学精神是一个褒义词，尤其在现代性价值导向下是如此。然而，在后现代主义价值的导向下，它受到了以下两个不同方面的挑战：一方面，注重研究科学的社会功能的学者，如贝尔纳认为，科学精神只问事实，不讲价值，对于人类的生存和发展来说，具有某种盲目性；另一方面，存在主义哲学家则指出，在科学精神中蕴含着人类支配、统治自然界的唯意志主义的倾向，这种主体性无限膨胀的倾向构成了英国哲学家弗兰西斯·培根以来的西方近代哲学和科学的主导性特征，也是造成当今世界生态危机的重要原因。

什么是科学主义？按照传统的理解方式，这里的"科学"也主要指自然科学。一般说来，科学主义是一个贬义词，它指的是人们把自然科学研究中的概念、方法和成果简单地搬用到人文社会科学的领域中去，不同的价值导向都对它采取批判的态度。事实上，科学主义在社会生活中必然导致的一个严重的结果是"技术官僚专政"；但在追求现代性的社会中，人们虽然知道科学主义是有害的，而对它的消极作用却缺乏自觉的认识。举例来说，人们在日常生活中使用的"螺丝钉"、"灵魂的工程师"、"希望工程"、"凝聚力工程"、"211工程"等提法，无形中把力学的观念泛化到社会生活中来了；而"积淀"、"断层"这样的概念又不知不觉地把地质学的观念搬用到文化研究领域中来了。乍看起来，这种自然科学术语的泛化似乎是无害的，实际上却常常会堵塞人们通达人文社会科学真谛的道路，并把人文精神严严实实地遮蔽起来。

在分析了上述三个概念的基本含义之后，它们之间的关系也就变得十分清楚了：第一，科学技术可以被区分为传统的科学技术和现代科学技术。如果说，传统的科学技术是一个中性的概念，那么，现代科学技术却不再是中性的概念了，按照海德格尔的看法，它已经成为否定性的概念，因为根据它的发展逻辑，它完全有可能把整个人类带上万劫不复的道路。第二，科学精神是在科学技术的发展中形成并发展起来的，它基本上是一个肯定性的概念。第三，科学主义是科学技术观念在人文社会科学中的泛化，是一个否定性的概念，人们必须自觉地反思并抵制科学主义的蔓延，从而为人文社会科学的发展留下地盘。

其次，我们再考察人文精神。其实，人文精神也涉及到下面三个基本概念——人文科学（humanities）、人文精神（humanistic spirit）和人文主义（humanism）。

什么是人文科学？按照传统的理解方式，人文科学主要指语言学、文学、史学、哲学、宗教和艺术。

什么是人文精神？它是指蕴含在人文科学中的共同的东西——对人类生存的意义和价值的关怀。这是一种终极性质的关怀，它尤其体现在哲学、宗教和艺术中。一般说来，人文精神是人们普遍认同的肯定性的概念。

什么是人文主义？在西方人的语言中，humanism 这个词既可译为人文主义，也可译为人本主义或人道主义。如果说，人本主义和人道主义分别是从哲学上、政治上来探讨人的问题，那么，人文主义则主要是从文化上，尤其是从人文科学的背景上来探讨人的问题。只要人们不是笼统地谈论人文主义，而是从它初始的、严格的含义出发对它进行考察，就会发现，它实际上指的是 14—16 世纪发生在欧洲的以文艺复兴和宗教改革为中心的社会文化思潮。毋庸讳言，这一思潮在历史上是有进步意义的，但它也有自己的局限性，即总是从抽象的人性出发去理解和阐释一切其他的问题。

从上面的分析可以看出，第一，人文科学是一个描述性的、中性的概念，但人们对人文科学的研究却极易受到不同的意识形态和价值导向的影响；第二，人文精神是一个肯定性的概念，人们通常是在褒义上加以运用的，但必须注意，在不同文化共同体的不同历史发展阶段中，人文精神的内涵也会发生相应的变化；第三，人文主义，大致上是一个中性，但偏向肯定意义的概念，人们在运用这个概念时应该把对它的含义的通常理解与当时欧洲的某种特殊的社会思潮严格地区分开来。

再次，科学精神和人文精神应该统一起来，协调地加以发展。一方面，我们需要加以反思的是，科学精神与人文精神的分离是如何造成的？众所周知，康德的《纯粹理性批判》（1781）和《实践理性批判》（1788）最初显示出科学精神（理论理性）与人文精神（实践理性）之间的分离，康德试图通过《判断力批判》（1790）所蕴含的鉴赏判断去统一这两种精神，但这样的统一注定只能是形式上的，因为康德并不是从现实的社会生活和现实的人出发去思考科学精神与人文精神的关系的，相反，他把对"人是什么？"这一最根本问题的解答放到晚年的著作《实用人类学》（1798）中去完成。这充分表明，他根本就没有把对这两种精神关系的探讨奠定在正确的基础上。

与康德不同，马克思一开始就强调自己哲学的出发点是"从事实际活动的人"[①]。在《1844年经济学哲学手稿》中，马克思尖锐地批评了那种脱离人的实践活动的、抽象的自然科学的研究态度：

> 至于说生活有它的一种基础，科学有它的另一

[①]《马克思恩格斯全集》第3卷，人民出版社，1960年版，第30页。

种基础——这根本就是谎言。①

在马克思看来，当人们去从事自然科学的研究活动时，他并不是一个抽象的认识容器，而是一个社会存在物，不仅他的活动所需要的材料，而且连他进行活动时所使用的语言也都是社会性的。此外，值得注意的是，在现代社会中，自然科学通过工业日益在实践上进入人们的生活并改变着他们的生活，工业已成了自然科学与人之间的现实的历史的关系，所以，正如马克思敏锐地意识到的那样：

自然科学往后将包括关于人的科学，正像关于人的科学包括自然科学一样：这将是一门科学。②

按照马克思的看法，把自然科学与人文科学、科学精神与人文精神分离开来并对立起来，根本上就是错误的。尽管自然科学与人文科学之间存在着差异，即前者主要关涉到事实，后者主要关涉到价值，但这两种科学和精神都是统一在人们的现实生活中的。具体而言，是统一在人们的实践活动中的。事实上，从事自然科学研究的是人，而从事人文社会科学科学研究的也是人。如果说，自然科学体现出人与自然的关系，那么，人文社会科学科学则体现出人与人之间的关系，而这两种关系正是同一个主体——人类在其实践活动中

---

① 《马克思恩格斯全集》第 42 卷，人民出版社，1979 年版，第 128 页。
② 《马克思恩格斯全集》第 42 卷，人民出版社，1979 年版，第 128 页。

结　论　科学精神与人文精神的统一

必定会加以展开的基本关系。这就深刻地启示我们，只有回到马克思哲学中去，科学精神与人文精神的统一才是不言而喻的。

另一方面，我们需要认真加以反思的是，在当代中国经济社会的发展中，科学精神与人文精神统一的基础究竟是什么？事实上，20世纪20年代发生的"科玄论战"早已表明，要解答这个问题并不是很容易的。一种意见认为，应当以科学精神作为基础来统一人文精神，这显然是不妥的。诚然，自然科学已通过工业的方式渗透到人们的全部生活之中，当代人已在相当的程度上生活于现代科学技术所创造的人化世界中，但这并不等于科学精神可以成为人文精神的基础。如前所述，尽管科学精神尊重事实、尊重规律，引导人们大胆地去探索并改造自然界，但它本身是不问价值的，因而它不可能为人类现实生活的发展提供明确的价值指导。换言之，以科学精神为基础来统一人文精神，人类的现实生活必定会陷入某种盲目性中。另一种意见认为，应当以人文精神为基础来统一科学精神。毋庸置疑，这种意见是正确的，但其缺点是失之浮泛，因为在"人文精神"这个宽泛的概念下仍然可以容纳各种不同的价值导向。换言之，统一科学精神和人文精神的基点仍然未被透显出来。

事实上，每一个不存偏见的人都会发现，在当代中国经济社会中，存在着三种不同的价值导向：第一种是前现代性的，即传统的价值导向，第二种是追求现代性的价值导向，第三种是反思并批评现代性的后现代主义的价值导向。我们认为，从当代中国经济社会的具体状况出发，我们应该认同的是第二种价值导向，但又必须借鉴第一种和第三种价值导向中的合理因素,从而对第二种价值导向做出必要的修正。也就是说,我们对人文精神的理解应该以被修正过的第二种价值导向作为主导性的参照系。应该按照这样的参照系来确定人文精神的内涵,并把这样的人文精神理解并阐释为科学精神的价值基础和思想出发点。

总之,把科学精神与人文精神统一起来,并不是在这两种精神之间搞折中主义,而是必须以被修正过的现代性价值作为参照系,严格界定人文精神的内涵,并把这样的人文精神作为基础和出发点,去统一并协调科学精神。从文化生态学的角度来看,只有使科学精神与人文精神在被修正过的现代性价值导向的基础上协调起来,当代中国经济社会才能沿着健康的轨道向前发展。

附　录

科学发展观的内在张力

在中国共产党第十七次代表大会的报告中，胡锦涛指出：

> 科学发展观，第一要义是发展，核心是以人为本，基本要求是全面协调可持续，根本方法是统筹兼顾。[1]

这段重要的论述为我们全面地、准确地、完整地理解科学发展观提供了明确的指导思想。尤其是关于"根本方法是统筹兼顾"的见解启发我们，科学发展观作为一种重要的发展理论，其内部存在着一些不同的理论端点，需要我们通过深入的反思来揭示它们之间的内在张力，以便做到统筹兼顾。下面，我们将从三个方面入手，深入地探索蕴含在科学发展观内部的这些重要张力。

---

[1]《科学发展观重要论述摘编》，中央文献出版社，2009年版，第6页。

一、"科学"概念中的内在张力

众所周知,英语中的 science 和法语中的 science(拼写相同,但读音不同)通常用来指称自然科学,但在德语中,Wissenschaft 这个概念不但涵盖自然科学,而且也涵盖人文社会科学,尤其是哲学。康德和另一些大哲学家,如黑格尔、胡塞尔等,都喜欢把自己的哲学称作 Wissenschaft。显然,当代中国人使用的"科学"概念主要是从上面列举的三个西文名词中翻译过来的。现在的问题是,当当代中国人使用"科学"这个概念时,尤其是当他们把"科学"作为"发展观"的修饰词时,他们究竟是按照英国人和法国人的习惯,还是按照德国人的习惯,来理解"科学"概念的确切含义的?换言之,他们理解的"科学"究竟是 science,还是 Wissenschaft?

如果我们运用现象学的显现的方式对诸多社会现象进行考察,就会发现,在当代中国人思维的自然倾向上,他们通常是从 science,即自然科学的含义上,而不是从 Wissenschaft 的含义上,来理解"科学"概念的内涵的。当代中国人谈论"科学性"、"科教兴国"、"科学技术是第一生产力"这样的话题时,他们言说的"科学"无疑是自然科学的代名词；而当今中国高校中普遍存在的"重理轻文"现象，以及高校和研究机构只在理工科专业中设定院士的做法，实际上隐含着对人文社会科学的"科学资质"的否认。

我们认为，在探讨科学发展观的时候，弄清楚"科学"这一概念的确切含义，并不是无聊的语言游戏，而是关系到胡锦涛同志所说的"以人为本"的根本理念能否在科学发展观中安顿下来的重大理论问题。我们主张，应该从 Wissenschaft，即自然科学和人文社会科学统一的角度出发来理解"科学"概念。

其实，早在《1844 年经济学哲学手稿》中，马克思已预言：

> *自然科学往后将包括关于人的科学，正像关于人的科学包括自然科学一样：这将是一门科学。*[①]

假如自然科学研究的对象是自然现象，并试图通过对自然规律的发现来指导人们合理地改造自然，那么人文社会科学的研究对象则是人类生活和社会现实，并试图通过对社会历史发展规律的发现来指导人们批判并改造传统社会，以追求更为合理的社会形式，从而实现自己的自由而全面的发展。在马克思看来，自然科学的研究与人文社会科学的研究是不可分离的，因为人们只有结成一定的社会关系，才可能去认识自然并对它进行改造。正是在这个意义上，马克思又

[①]《马克思恩格斯全集》第 42 卷，人民出版社，1979 年版，第 128 页。

指出：

> 甚至当我从事科学之类的活动，即从事一种我只是在很少情况下才能同别人直接交往的活动的时候，我也是社会的，因为我是作为人活动的。不仅我的活动所需的材料，甚至思想家用来进行活动的语言本身，都是作为社会的产品给予我的，而且我本身的存在就是社会活动；因此，我从自身所做出的东西，是我从自身为社会所做出的，并且意识到我自己是社会的存在物（gesellschaftliches Wesen）。[①]

显然，马克思之所以把人称为"社会的存在物"，因为正是社会性构成了人存在的本质特征。虽然自然科学家研究的是自然现象，但他们始终是作为社会的存在物而从事自己的研究活动的，不但他们的研究资料、研究手段和表达方式（语言）都是社会性的，而且他们的研究动机、研究过程及对研究成果的解释也都会受到人文社会科学的影响。

说得直白一些，任何自然科学的研究要想回避人文社会科学，尤其是哲学方法论的影响都是不可能的。恩格斯告诉我们：

> 的确，蔑视辩证法是不能不受惩罚的。无论对一切理论思维多么轻视，可是没有理论思维，就会

[①]《马克思恩格斯全集》第 42 卷，人民出版社，1979 年版，第 122 页。

> 连两件自然的事实也联系不起来，或者连两者之间所存在的联系都无法了解。①

事实上，人文社会科学不仅以背景意识和方法论意识的方式影响着自然科学，更为重要的是，它是为自然科学的研究澄明价值前提的。脱离人文社会科学的价值导向，自然科学的发展就会陷入迷途。当今社会中自然科学研究的课题，如人体克隆、试管婴儿、遗传工程、器官移植、电脑网络、核能的运用等等，无不需要人文社会科学，尤其是伦理学为它们澄清思想前提和价值导向。

何况，随着现代自然科学和技术的发展，技术和科学本身的性质也正在发生重大的变化。德国哲学家海德格尔在1950年出版的《技术之追问》（*Question Concerning Technology*）中区分出两种技术：一种是"手工技术"（hand work technology），另一种是"现代技术"（modern technology）。前者如荷兰的风车、中国农村里的水车，它们不可能导致对自然的破坏；后者则不但导致了人类对自然的控制（如火力或水力发电机、化肥和农药的大规模使用、围海造田和围湖造田、大规模使用冰箱和空调、工业和交通工具排放的大量废气和污水等等），也导致了一部分人对另一部分人的控制（如核武器和先进的常规武器、窃听器、定位仪、远程跟踪和摄影、电脑黑客、测谎仪，等等）。在海德格尔看来，现代技术已不再是"一个中性的概念"（a neutral concept），而是"一个否定性的概念"（a negative concept），因为现代技

---

① 恩格斯：《自然辩证法》，人民出版社，1971年版，第43页。

术蕴含着一种他称之为"座架"(enframing)的东西。就像人们给一块玻璃上镜框一样，人们也用"座架"去测量、控制自然万物或其他的人。海德格尔甚至认为，现代技术正在把整个人类及其文明带向深渊。德国哲学家哈贝马斯在1968年出版的《作为"意识形态"的技术与科学》一书中强调，现代技术与自然科学不但成了第一生产力，而且也成了意识形态。作为意识形态，它一方面为新的、执行技术使命的、排除实践问题的政治服务；另一方面，它涉及的正是那些可以潜移默化地腐蚀我们所说的制度框架的发展趋势。在哈贝马斯看来，现代技术与自然科学正在不断地排除像政治学、伦理学这样的实践科学，而用"合理性"和"效率"取代了诸如"民主"、"自由"、"正义"、"美德"这样的核心的人文价值。

更值得注意的是，现代自然科学和技术的发展还蕴含着"科学主义"(scientism)的兴起和蔓延。科学主义把仅仅适合于数学和自然科学范围内的观念和方法简单地搬运到人文社会科学和日常生活中。比如，用数学上量化的方法来评价人文社会科学学术论著的质量；用工科中的"工程"概念来称呼日常生活中的一切活动，如"希望工程"、"形象工程"、"紧缺人才培训工程"等等；甚至用"螺丝钉"、"人类灵魂的工程师"这样的提法来比喻普通人和教师。其实，每个有生命的人都不是一颗被动的、被拧在某个地方的"螺丝钉"；教师也不是"人类灵魂的工程师"，而是"人类灵魂的导师"，因为工程师面对的是同样的零件，而导师面对的则是具有不同个性的学生。中国传统教育思想强调的"因材施教"就是要区别学生的不同情况，有针对性地进行教育。何况,科学主义还蕴含着一种思想倾向,即对人与物之间关系的颠倒,即物被主体化了,而人则被物化了。上面提到的把有生命的个人比喻为"螺丝钉"的做法,就是人被物化的一种表现形式。

总之,人变得越来越微不足道了,最后消失在物的重压下。法国荒诞派剧作家尤涅斯科的《新房客》(1957)说的就是这样的一个故事:某先生搬家,搬动无数家具。这些家具挤满了马路,漂浮在塞纳河上,占满了新公寓的整个楼道,以至于该先生不得不打开天花板,把家具从屋顶上吊进去。最后,连该先生也给掩埋在家具中。《新房客》暗示我们,由自然科学和现代技术的迅猛发展导致的人的物化和异化正在不断加剧,而要有效地遏制科学主义的蔓延,就必须全面地弘扬蕴含在人文社会科学中的人文精神。

综上所述,在中国社会的未来发展中,唯有在自然科学和人文社会科学之间建立必要的张力,才能使"以人为本"这一核心思想所蕴含的人格尊严、人的基本权利和人的自由而全面的发展真正扎根于这一发展观中。

二、"发展"概念中的内在张力

在当今中国社会的大众传媒和日常语言中,"发展"这个用语是出现得最频繁的用语之一。人所共知，作为动词，它译自英文中的 develop，法文中的 développer 或德文中的 entwickeln。细心的研究者很容易发现，西文中的这三个动词都具有双重含义，即既可以被解释为"改变"，又可以被解释为"显现"（这层含义是从胶卷冲洗中的"显影"的含义引申过来的，这三个西文词也都可以被解释为"显影"）。其实，正是这一双重含义勾勒出"发展"概念中蕴含着的两个重要的理论端点：

一方面，任何发展都蕴含着人们试图"改变"某个地区的主观上的态度和努力。比如，人们对这个地区未来发展规划的制定、对电脑效果图的构想等等。显然，"改变"这层含义更多地是从主观方面去设想并预期的，而未来发展规划的制定、电脑效果图的构想等等，体现出来的正是主观方面的臆想，因为人们通常是根据平均化的、完全顺利的进程来制定和构想这些东西的。

另一方面，在这个地区的发展过程中客观上"显现"出来的结果往往是不同于人们的主观臆想的，即不同于事先制定的发展规划和电脑效果图的。因为在任何发展过程中，都会出现原来未曾预想到的种种偶然因素，如气候的突变、材料的匮乏、干部使用上的失误、资金投入的受阻、突发的灾祸、与地方保护主义之间的冲突等等，会导致整个发展规划的停顿，甚至"下马"。更为重要的是，整个发展过程能否顺利地得以展开，还取决于事先制定的发展规划是否遵循这个地区发展的客观条件和客观规律。显然，如果原来的发展规划没有遵循这样的客观条件和客观规律，整个发展过程就会不断地走弯路，客观上"显现"出与原来的主观预想完全不同的结果。

在"发展"这个概念中,"显现"的含义比"改变"的含义来得更为深刻。如果说,"改变"具有更多的主观臆想方面的含义的话,那么,"显现"则具有更多的客观方面的含义。因为"显现"不仅包含着对种种偶然因素作用的认可,也包含着对客观条件和客观规律的认可。德国哲学家胡塞尔创立的现象学就是以直接地向我们的意识显现出来的现象作为合法的研究对象的,而现象学家提出的口号"面向事物本身"(zurük zur Sache selbst)正是要引导人们去面对向他们显现出来的最重要的现象。这种现象学的思考方式深刻地启示我们,尽管任何自觉的发展过程都需要事先制定发展规划,但决不应该把发展仅仅理解为"改变"外部世界的主观臆想、主观意志和主观规划,而应该把它理解为客观的"显现"过程,在这一显现过程中,事物发展的客观条件和它必定遵循的客观规律都会顽强地发挥自己的作用。诚然,对于任何地区的发展来说,发展规划的制定都是必要的,但不应该将其奠基于主观臆想或主观意志之上,而应该将其奠基于这个地区发展的客观条件、客观规律和对各种可能出现的偶然因素的估计上,并做好相应的思想准备和防范措施,以确保整个发展过程的顺利进行。

与此同时,我们也注意到,作为动词,英文中的 develop,法文中的 développer 和德文中的 entwickeln 也都具有"开发"的含义,而"开发"、"开发区"这样的概念也是在当今中国社会的大众传媒和日常用语中出现得最频繁的概念之一,其实,"开发"和"发展"都译自上面这三个西文动词。我们知道,"开发"这个用语一定会涉及到作为开发主体的人们与作为开发对象的环境和资源的关系。而在日常的现象世界中向我们显现出来的通常有以下两种不同的"开发"形式：一种是"破坏性的开发"，即以环境和资源的牺牲为代价的开发形式，某些地区的某些人常常为了眼前利益而牺牲子孙后代的长远利益，这种"杀鸡取蛋"的做法显然是错误的；另一种是"保护性的开发"，即以环境和资源的可持续发展为前提的开发。法国普罗旺斯地区的发展为我们提供了光辉的范例。我们提倡的是保护性开发形式。事实上，也只有这种形式才能确保人类、环境和资源都以胡锦涛同志所说的"可持续"的方式发展下去。

三、整体发展过程中的内在张力

上面，我们考察了蕴含在"科学"和"发展"概念中的内在张力，下面，我们再来考察一下，在任何一个自觉的，即由人类自己积极地加以发动和推进的发展过程中必定会遭遇到的以下两组关系：

第一组关系是："内在动力"（inner dynamic）和"全面协调"（universal coordination）之间的关系。什么是内在动力？内在动力就是一个社会（包括不同的地区）得以持续地向前发展的内在驱动力量。显然，没有这样的驱动力量，一个社会就会出现停滞不前的局面。众所周知，不但传统中国社会长期处于停滞不前的状态中，而且20世纪50年代后期以来，由于坚持了"以阶级斗争为纲"的错误的思想路线，国民经济的发展几乎濒临崩溃。正是十一届三中全会确定的"以经济建设为中心"的新的思想路线，20世纪70年代以来中国社会才发生了翻天覆地的变化。对比中国社会的这两种不同的发展形式，我们深刻地意识到"内在动力"对于任何发展过程的重要性和必要性。乍看起来，正是改革开放构成了当代中国社会整体发展的原动力。其实，真正的原动力乃是人们的欲望和利益，而改革开放中采取的种种措施不过是对这些欲望和利益的肯定和激励。

然而，一个社会一旦在自己的发展中获得了持久的、充分的原动力，另一个相关的问题就产生了，即任何发展都是不均衡的。于是，在发展进程中就会显现出愈来愈大的贫富差异和地区差异。假如人们对这些差异的显现不加重视的话，就有可能引发各种社会冲突，甚至导致整个社会的解体。因此，正如胡锦涛同志所指出的，我们必须做好"全面协调"的工作。什么是全面协调？按照我们的理解，全面协调就是根据发展中出现的新情况，对整体结构的各个部分，尤其是对社会不同阶层的利益关系做出相应的调整，以确保整个社会稳定地、持续地向前发展。总之，没有内在动力，任何自觉的发展过程都无法加以实现，但一旦获得了这种动力，就不光要通过全面协调，保持动力的持久性，而且也要对事物的结构做出及时的调整，以确保整个社会不至于在发展中解体。

第二组关系是："外延发展"（extentional development）

与"内涵发展"(connotative development)之间的关系。什么是外延发展？所谓外延发展就是在发展过程中片面地注重发展主体在外在形式上的变化。比如，有的地区在发展中上了不少政绩工程、建了不少高楼大厦，上级领导检查起来很好看，这个地区的主管干部也容易得到晋升，但该地区老百姓关切的实际问题却得不到实质性的解决。什么是内涵发展？所谓内涵发展就是在发展过程中注重发展主体的实质性的变化。比如，一个地区在提高人民群众的文化素质和教育水平方面的发展就属于内涵方面的发展，这方面的发展成果不像标志性建筑那样容易从外观上看出来，但对该地区的长远发展却具有潜在的、决定性的意义。尽管外延发展也不可偏废，但从根本上看，应当注重内涵上的发展。

综上所述，科学发展观包含着极为丰富的理论内容和迥然不同的实践方向。我们主张，应该建立一门"发展现象学"(phenomenology of development)，以便对世界范围内现代化背景下的"发展"现象做出全面的、系统的比较和研究，并在这一比较和研究的基础上，对科学发展观做出准确的、完整的阐释，而这样做的理论意义和现实意义将是不可估量的。